dtv

W0094134

Tanja Peters ist überzeugt: MUT ist ein Muskel, der sich trainieren lässt. Und zwar nicht nur für die großen Träume wie Auswandern, Job kündigen, Weltreise machen. Auch der Alltag erfordert MUT. Oft haben wir nur viel zu viel Angst, anzuecken oder uns lächerlich zu machen, haben nicht genug Mumm, Nein zu sagen oder andere in die Schranken zu verweisen. So verlieren wir den Gestaltungsspielraum in unserem Leben.

Die Autorin lädt dazu ein, eine neue Fehlerkultur zu etablieren, und zeigt Wege auf, wie wir durch kleine Grenzerweiterungen Ressourcen aktivieren können, die uns mutiger werden lassen. Zusammen mit dem kleinen Fräulein Mut macht sie uns mit ihrer eigenen Geschichte und zahlreichen Übungen MUT und Lust, neue, unbekannte Wege zu gehen – kurz: sich etwas zu trauen und für sich einzustehen.

Tanja Peters

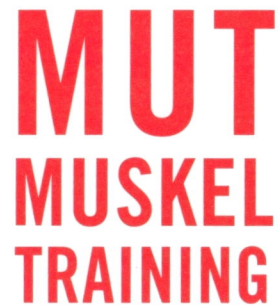

# MUT
## MUSKEL
## TRAINING

### JEDEN TAG
### EIN BISSCHEN MUTIGER

dtv

Ausführliche Informationen über
unsere Autoren und Bücher
www.dtv.de

Dieses Buch ist auch als eBook erhältlich.

Originalausgabe 2018
© 2018 dtv Verlagsgesellschaft mbH & Co. KG, München

Umschlaggestaltung und -illustration: Katharina Netolitzky
Satz: Nadine Clemens, München
Gesetzt aus der Apollo
Druck und Bindung: Druckerei C.H. Beck, Nördlingen
Gedruckt auf säurefreiem, chlorfrei gebleichtem Papier
Printed in Germany • ISBN 978-3-423-34942-0

Für meinen Mann Peter, der mich jeden Tag von Neuem
einlädt zu wachsen und noch größer zu werden.

★

Für meinen Bruder Stephan,
den ich leider nie kennenlernen durfte.

★

Für meinen Papa, der am Ende so stolz auf mich war.
Für meine Mama – danke für das gute
berufliche Selbstbewusstsein!

★

Für meine Schwester, die alte Möhre ☺
Du bist und bleibst die Coolere von uns beiden.

★

Und für meine beiden wunderbaren Nichten, die zu noch
wunderbareren Frauen heranwachsen. Macht Euer Ding!
Lasst Euch nicht reinquatschen, auch nicht von mir!

»Das habe ich noch nie
vorher versucht,
also bin ich völlig sicher,
dass ich es schaffe.«

Pippi Langstrumpf

# Inhalt

# Vom MUTigen Hasen und dem
## SELBSTBESTIMMTEN LEBEN

Lass mich mit einer kleinen Geschichte starten:

*Im Wald sterben die Tiere und man erzählt sich, der Bär habe eine Todesliste und wer daraufsteht, stirbt. Eines Morgens ist der Hirsch tot. Igel und Fuchs treffen sich ganz aufgeregt und der Igel sagt zum Fuchs: »Fuchs, hast du schon gehört, der Bär hat wirklich eine Todesliste. Der Hirsch stand drauf und der Hirsch ist tot. Und ich, ich bin bestimmt der Nächste.«*

*Der Fuchs und der Igel wissen beide nicht, was sie tun können, außer Angst zu haben und um ihr Leben zu fürchten. Die beiden gehen ratlos auseinander. Am nächsten Morgen, wie sollte es anders sein, ist der Fuchs tot!*

*Der Igel läuft wieder ganz aufgebracht durch den Wald und trifft auf den kleinen Angsthasen: »Häschen, Häschen, hast du schon gehört, der Bär hat wirklich eine Todesliste und wer draufsteht, stirbt. Der Hirsch stand drauf und der Hirsch ist tot. Der Fuchs stand drauf und der Fuchs ist tot. Und ich, ich bin bestimmt der Nächste.« Die beiden beraten sich ganz aufgelöst, aber keinem fällt etwas ein, was sie tun können. Und so gehen beide auseinander und fürchten um ihr Leben.*

*Am nächsten Morgen, wie sollte es anders sein, ist der Igel tot. Der kleine Angsthase läuft panisch durch den Wald, aber er trifft auf kein Tier mehr. Es scheint wirklich wahr zu sein, denkt der kleine Angsthase, der Bär hat eine Todesliste und wer daraufsteht, stirbt. Und ich, ich bin bestimmt der Nächste.*

Das Häschen hat furchtbare Angst um sein Leben und versucht all den MUT, den es normalerweise in seinem Alltag nicht finden kann, zu aktivieren. Und es macht sich – MUTig und ängstlich zugleich – auf zur Bärenhöhle. An der Höhle angekommen, atmet es tief durch und traut sich anzuklopfen. Der Bär öffnet brummig das Steintor vor seinem Bau und schaut das Häschen grimmig, aber auch neugierig an. *»Das traut sich was!«,* denkt der Bär.

Das Häschen hat sich auf dem gesamten Weg schon die folgenden Sätze vorgesagt und schafft es nun, den Bären zu fragen: *»Du, Bär, stimmt es wirklich? Hast du eine Todesliste und wer draufsteht, stirbt?«*

*»Ja«,* brummt der Bär, *»genauso ist es!«* Und das Häschen fragt mit zitternder Stimme weiter: *»Du Bär, stehe ich denn auch auf deiner Todesliste?« »Ja«,* brummt der Bär, *»du stehst auch drauf, schau, hier –* und du bist sogar der Nächste!«

Da wird dem kleinen Angsthasen ganz bang ums Herz und er erinnert sich einmal mehr, wie sehr er das Leben liebt, und bekommt so das letzte Stückchen MUT zu fassen, das ihm geblieben ist: *»Du Bär, kannst du mich streichen von deiner Liste?«* Der Bär ist erstaunt, macht große Augen und gleichzeitig ist er zutiefst beeindruckt von der Frage des Häschens. Ihm fällt nichts weiter ein als zu erwidern: *»Na gut, Häschen, ich streiche dich von meiner Liste. Wo du so nett fragst!«*

Und so kam es, dass das kleine Häschen von der Todesliste des Bärs gestrichen wurde und gleichzeitig einen neuen Namen erhielt. Von nun an nannte es sich DAS MUTIGE HÄSCHEN –

*und wenn es nicht gestorben ist, dann lebt es noch heute MUTig und froh in seinem Wald.*[*]

Mir wurde immer nachgesagt, dass ich eine sehr MUTige Frau bin. Warum? Weil ich in Sachen Beruf von daheim ein großes Selbstbewusstsein mitbekommen habe. So hat der Blick von außen auf mich und meine berufliche Entwicklung dazu geführt, dass mich alle immer als sehr MUTig wahrgenommen haben.

An dem großen Selbstbewusstsein, was meine berufliche Entwicklung betrifft, ist meine Mutter »schuld«, denn sie hat mir immer gesagt: »Tanja, so, wie du reden kannst, wirst du entweder Rechtsanwältin oder Bundeskanzlerin.« Warum ausgerechnet diese beiden Berufsbilder und nicht Moderatorin oder Popstar, das weiß nur meine Mutter.

Ich wollte nie Rechtsanwältin werden oder in die Politik gehen, aber ich habe immer daran geglaubt, dass alles möglich ist. Für die jüngeren Leser unter euch: Ich bin in der Helmut-Kohl-Ära aufgewachsen und damals war es noch lange nicht absehbar, dass wir schon bald wirklich eine Frau als Bundeskanzlerin haben werden. In meiner Jugend wurde mir noch gesagt, ich kann nicht Messdienerin werden, weil dieser »Job« nicht von Frauen gemacht werden kann. Deshalb war die Idee, ich könnte sogar Bundeskanzlerin werden, doppelt groß und stark für mich.

---

[*] Quelle unbekannt! Diese Geschichte ist nicht von mir. Ich habe sie auf einem Seminar gehört und danach immer wieder von verschiedenen Menschen in unterschiedlichen Versionen. Dies ist meine Version, aber der Ursprung stammt nicht von mir.

Dieser Alles-ist-möglich-Glaube hat mich getragen, und so gab es für mich in beruflicher Hinsicht keine großen Ängste, Zweifel oder Grenzen. Mein Motto war ganz oft: Wenn es mit diesem Job nicht klappt, dann mache ich den Job einfach woanders für mehr Geld. Und so bin ich zwei Mal in meinem Leben ausgewandert und wieder nach Köln zurückgekehrt, als die Sehnsucht nach der Heimat, dem kölschen Lebensgefühl und dem Dom zu groß war.

Ich habe für die Telekom ein SAP-Projekt in Prag begleitet, ohne auch nur einen Brocken Tschechisch zu sprechen oder Ahnung von dem Land und seiner Kultur zu haben. Als sicher war, dass ich für ein paar Monate nach Prag gehe, musste ich erst mal die Landkarte rausholen und mich orientieren.

Ich habe mehrmals gekündigt, ohne einen neuen Job zu haben, in Zeiten, in denen man das angeblich nicht machen sollte. Entgegen der allgemeinen Annahme, dass ich erst mal jahrelang arbeitslos sein oder keinen so guten Job mehr finden werde, war ich immer schnell wieder in Lohn und Brot, habe meist gute Jobs gefunden und manchmal sogar einen Gehaltssprung gemacht.

Am Ende habe ich mich in einer Branche selbständig gemacht, in der es alles andere als einfach ist zu überleben. Denn die Coachingbranche ist ganz schön überlaufen, so sieht es zumindest von außen aus. Sich hier zu platzieren, einen Expertenstatus aufzubauen und erfolgreich das eigene Geschäft auszubauen, braucht Durchhaltevermögen und den Glauben an die eigene Kompetenz und Größe.

Für mich waren das alles keine Riesenschritte und es kam mir auch nicht wirklich MUTig vor. Ich habe einfach daran

geglaubt, dass es gelingen würde. Ich habe meine Koffer gepackt, bin in den Flieger gestiegen, habe mich beworben
oder gekündigt und mich immer wieder auf zu neuen Ufern
gemacht – und meistens ist es auch gelungen. So viel zur
furchtlosen Tanja.

Aber in mir gab es noch eine zweite Seite und in der hatten die Ängste die Oberhand. Viele große und kleine Le-
bensängste tobten in mir und haben mich davon abgehalten,
wirklich zu meiner Meinung zu stehen, Freundschaften und
Beziehungen so zu gestalten, wie es für mich wünschens-
wert und richtig gewesen wäre. Ich war ganz oft nicht die,
die ich eigentlich bin, zu groß war die Angst, nicht zu ge-
nügen und am Ende nicht geliebt zu werden.

Also habe ich mein Verhalten oft danach ausgerichtet, was
andere über mich dachten oder vermeintlich über mich denken könnten. Ich habe Konflikte vermieden, viel zu groß war
die Angst, durch den Konflikt entweder Menschen zu verletzen und zu enttäuschen oder deren Liebe und Anerkennung
zu verlieren. Lieber habe ich Ja gesagt und mein Nein run-
tergeschluckt. Auch die Anerkennung meines Vorgesetzten
war mir wichtiger als mein eigenes Gefühl von Überlastung,
Überforderung und der Wunsch nach Pausen.

Da ich mein Leben lang schon mit meinem Gewicht
kämpfe und hadere, war es oft schwer für mich, in der
Öffentlichkeit zu essen. Saß mir in der Bahn ein gut ausse-
hender Mann gegenüber, hätte ich niemals in mein Käsebrot
gebissen, egal wie groß der Hunger war. In der Stadt eine
Currywurst essen? Never! Viel zu groß war die Angst, dass
jemand denken könnte: »Jetzt noch 'ne Currywurst? Ist der
Hintern nicht schon dick genug?«

Ich habe Angst vor Höhe, ich habe Angst vor Geschwindigkeit. Ich würde niemals hinten auf einem Motorrad mitfahren und ich bin auch noch nie – nicht mal als Kind – mit dem Rad einen Berg runtergefahren, ohne zu bremsen.

Meine Schwester war die MUTige von uns beiden. Sie ist als Kind überall draufgeklettert, volle Pulle runtergefahren und eben auch mal hingefallen. Sie war risikobereit und hatte immer schon Spaß und Freude an Höhe und Geschwindigkeit. Stürze hat sie einfach abgeschüttelt, sich den Staub und das Blut abgewischt und ist weitergefahren. Wenn ich mal mit dem Fahrrad gestürzt bin, dann hat es unglaublich lange gedauert, bis ich den MUT gefunden habe, wieder aufzusteigen. Weil sich über die Jahre viele Ängste auf das Radfahren gelegt haben und ich nur noch im Schneckentempo unterwegs war, haben mein Mann und ich uns ein Tandem gekauft. Er war es einfach satt, immer wieder auf mich zu warten, und ich hatte keine Lust mehr auf den ständigen Stress, der sich durch unser ungleiches Tempo ergab.

Ach, wie wunderbar waren unsere ersten Touren mit dem Tandem. Hinten sitzen, einfach mittreten ohne Gedanken an den Weg und mögliche Hindernisse, sich auf den anderen verlassen, der durch die Landschaft lenkt, die Sonne auf der Haut und den Wind in den Haaren genießen. Einfach nur herrlich! Aber wie sollte es anders sein, im Leben fällt man eben schon mal hin. Nach einem leichten Sturz mit dem Tandem war es für mich ein für alle Mal vorbei damit. Erst stand es lange in der Garage, dann haben wir es verkauft.

Du siehst, ich habe eine wirklich große Angsthasenkarriere hinter mir, und ganz oft haben meine Ängste bestimmt, was ich gemacht und mir zugetraut habe. Der Raum, in dem ich mich bewegt habe, war oft beschränkt und bestimmt von Zweifeln und Scham statt von MUT.

Über die Jahre ist mein Spielraum immer kleiner geworden. Ich bin im Hamsterrad gelaufen, habe mich immer weniger gespürt und immer mehr nach den Bedürfnissen und Wünschen anderer ausgerichtet. Ich konnte meinen eigenen Takt nicht mehr hören und habe den Rhythmus der anderen vollständig übernommen.

In einer sehr stressigen Phase in meinem damaligen Job als Abteilungsleiterin Einkauf und Geschäftsleiterin einer kleinen Arbeitsgemeinschaft kam es dann dazu, dass aufgrund einiger Fehler ein großes Vergabeverfahren schiefgelaufen war und am Ende vor Gericht landete. Die Fehler, die dazu geführt haben, waren nicht unbedingt alle von mir »verschuldet«, gehörten aber sehr wohl in meinen Verantwortungsbereich. Und da ich die Budgets gut kannte, wusste ich, was diese Fehler am Ende das Unternehmen kosten würden. Heute denke ich, dass diese Situation das schon volle Fass zum Überlaufen gebracht hat. Ich hatte damals noch keine gute Fehlerkultur für mich etabliert und in dem engen Rahmen, den ich mir durch meine Ängste und Zweifel gebaut hatte, war kein Platz mehr, dies auch noch zu tragen.

Und so kam es, wie es kommen musste. Mir wurde von meinem Körper sehr deutlich die rote Karte gezeigt. Ich habe immer schlechter in den Schlaf gefunden, war erschöpft und hatte immer wieder Hautschübe, ähnlich einer Neurodermitis. Aber auch das habe ich erst mal tapfer ignoriert und habe für eine Weile noch so getan, als hätte ich alles im Griff, vor meinen Mitarbeitern, meinen Kollegen, meinem Chef, aber vor allem auch vor mir selbst. Und dann folgte für mich der große persönliche Knall, der mein Leben von jetzt auf gleich zu einem anderen gemacht hat.

Am 12. Dezember 2009 habe ich direkt nach dem Aufstehen eine kahle Stelle an meinem Kopf entdeckt. Dieses Datum werde ich nicht mehr vergessen. Zehn Wochen später hatte ich 90 Prozent meiner Haare verloren. Die Krankheit nennt sich Alopecia Areata und ist eine Autoimmunerkrankung. Der Körper kann dabei Freund von Feind nicht mehr unterscheiden und zerstört die eigenen Haare.

Vielleicht kannst du dir vorstellen, dass erst mal wieder die Angst das Steuer übernimmt, wenn einem so etwas passiert. Und ich habe mich natürlich viel und oft gefragt: Warum ich? Wie krank bin ich? Was passiert als Nächstes? Was habe ich falsch gemacht? Aber eben auch, ob meine Haare jemals wiederkommen werden und was genau das nun für mein Leben, meine Partnerschaft und meinen Job bedeutet. Die schwerste Frage und größte Angst zugleich war: Wie viel Frau bleibt, wenn die Haare gehen?

Im Februar 2010 habe ich dann zwei Entscheidungen getroffen. Erstens, mich krankzumelden, um mich neu zu sortieren und den Dingen auf den Grund zu gehen, und zweitens, die kläglichen Haarreste auf meinem Kopf abzurasieren. Einmal gemacht, war ich ganz überrascht, dass ich eine gute Kopfform hatte – da denkt man ja sonst nicht wirklich drüber nach – und mir die Glatze richtig gut stand.

Innerhalb der nächsten Wochen wurde mir klar, für mich gibt es keine andere Möglichkeit, mit diesem Zustand umzugehen, als ihn offen zu zeigen. Und so habe ich mich entschieden, ohne Perücke und Kopfbedeckung meinen Alltag zu bestreiten. Ich war damals im Job für zwölf Mitarbeiter verantwortlich. Ständiger Kontakt zu Lieferanten, Kunden und meinem Team gehörten ebenso zu meinem Arbeitstag wie vor Vorständen und Entscheidungsträgern meine Dienstleistungen zu präsentieren und neue Kunden zu akquirieren.

Die Entscheidung, mich selbst und all diese Menschen täglich mit meiner Glatze und damit mit einer vermeintlichen Schwäche, nämlich krank zu sein, zu konfrontieren, war alles andere als einfach für mich und sicherlich auch für mein Umfeld. Trotzdem war es der einzige gangbare Weg für mich. Jeden Morgen falsche Haare auf meinen Kopf kleben (ja, so wurde mir das damals erklärt, dass man die Perücke aufkleben muss) oder Tücher tragen, die dann verrutschen, zu heiß sind und auch nicht wirklich zu meinen Anzügen passten – ein klares NEIN. Verstecken und Gefallenwollen waren damit erst mal vom Tisch. Nicht Auffallen und Unterm-Radar-Bleiben auch. Position zu beziehen und mit erhobenem Kopf in die Welt gehen war die einzige Chance, irgendwie mit dieser Situation umzugehen.

Das war die Zeit, in der ich für mich entdeckt habe: MUT ist ein Muskel und lässt sich trainieren. Jeden Tag mit Glatze in die Bahn zu steigen, Lieferanten und Kunden zu begegnen, Präsentationen zu halten, auf Mitarbeiter und Kollegen zu treffen, das hat meinen MUTmuskel stark gemacht und damit auch mich als Mensch.

Ich habe endlich verstanden, was Julia Engelmann in ihrem Gedicht meint, wenn sie sagt: »MUT ist auch nur ein Anagramm von Glück!« MUT jeden Tag zu trainieren, der Angst ins Gesicht zu schauen, aber ihr nicht zu folgen, ist in meinen Augen die größte Chance auf ein selbstbestimmtes und freies Leben.

Und so habe ich angefangen, mir ständig Dinge vorzunehmen, um meinen MUTmuskel noch stärker zu machen. Ich hatte sozusagen Blut geleckt und verstanden, dass das Training die einzige Möglichkeit ist, wieder das Ruder zu übernehmen und mein Ding zu machen.

Auf meiner MUTmuskeltrainingsliste stand zum Beispiel:

→ Alleine auf Partys gehen.

→ Mich trauen, öfter Nein zu sagen und auch dabei zu bleiben.

→ Erst mich fragen, wie ich etwas finde und dann erst überlegen, wie andere es finden.

→ Nicht so viel bremsen beim Radfahren und den Wind beim Berg-Runterfahren mehr genießen.

→ Für Menschen und Freundschaften, die mich kleinmachen, mich stressen und anstrengend sind, nicht mehr zur Verfügung stehen.

→ Mich nicht mehr so sehr verbiegen, sondern darauf vertrauen, dass ich auch so gemocht werde, wie ich nun mal bin.

Das Spannende daran ist, die Glatze hat mir dabei geholfen. Ich nenne das gerne sekundären Krankheitsgewinn. Wie fast immer im Leben gibt es für alles eine Sonnen-, aber eben auch eine Schattenseite. Die Schattenseite war, meine Haare nicht mehr zu haben. Die Sonnenseite war, dass viele natürlich großes Verständnis für mich »armen« Hasen hatten und ich mir deshalb schon mal das ein oder andere leisten konnte, was sonst vielleicht vom Gegenüber stärker kritisiert worden wäre. Das half natürlich am Anfang ungemein.

So wie andere Leute eine Bucketliste führen, führe ich

seitdem meine MUTmuskeltrainingsliste. Ich habe mir Stück für Stück mein Leben zurückerobert und tanze wieder nach meiner ganz eigenen Pfeife. Und so wurde aus dem Angsthasen Tanja die MUTige Frau, die heute auch andere Menschen dazu bringt, sich ihrer Angst zu stellen und über sich hinauszuwachsen.

Ich bin über diese Erfahrung stark, klar und MUTig geworden und am Ende haben sich auch meine Haare entschieden, wieder zu wachsen. Für alle Betroffenen dieser Erkrankung sei gesagt: Was genau die Haare zurückgebracht hat, weiß natürlich niemand, auch ich nicht. Dies ist lediglich meine Geschichte und meine Wahrheit. Andere Menschen haben einen anderen Körper, andere Anlagen, eine andere Lebensweise und damit auch andere Herausforderungen. Für mich war der Haarausfall ein klares Zeichen dafür, dass ich gegen mich selbst, meine Bedürfnisse und meine Wahrheit gelebt habe und mir ständig zu viele Sorgen und Stress gemacht habe. Nachdem ich das für mich korrigiert hatte – was einige Jahre in Anspruch nahm und nur mit Unterstützung von Therapeuten, Heilpraktikern und guten Ärzten möglich war – sind meine Haare fast komplett wieder zurückgekommen. Nur ein kleiner Streifen am unteren Haaransatz erinnert mich noch heute an diese Zeit in meinem Leben.[*]

Ich habe erkannt, MUTig den eigenen Weg zu gehen ist für mich mit viel weniger Anstrengung und Stress verbunden, als mich ständig nach anderen zu richten. Was mich am

---

[*] Du hast auch Alopecia Areata? Dann gibt es im Anhang noch ein Kapitel für dich!

meisten überrascht hat: Je klarer ich bin, umso einfacher wird es auch für die anderen. Warum mich das überrascht hat? Ich bin so viele Jahre mit Entscheidungen und Konflikten lange schwanger gegangen, war unklar und schwammig, um bloß niemanden zu enttäuschen, und musste dann feststellen, dass »rumeiern« für die meisten Mitmenschen viel schwieriger und anstrengender ist, als jemand, der klar zu seiner Meinung steht. Hätte mir das bloß mal jemand früher gesagt, ich hätte mir einige Umwege erspart. Aber vielleicht hätte ich es noch nicht geglaubt, denn oft braucht es einfach die eigene Erfahrung, damit wir etwas wirklich verstehen, annehmen und lernen.

Auf meinem Weg mit vielen Umwegen habe ich so einiges gelernt, was ich in diesem Buch mit dir teilen möchte. Die besten Impulse und Blickwinkel, die eine gute Richtung für ein selbstbestimmtes Leben vorgeben, sind für mich:

★ Such dir sinnvolle Grenzerweiterungen, für MUTproben[*] ist das Leben zu kurz.

★ Kultiviere eine gute Fehlerkultur. Erlaube dir zu scheitern, sonst wird das Loslaufen zu schwer. Vielleicht hilft dir der Satz: Wir machen keine Fehler, sondern immer nur Erfahrungen.

★ Übe einen liebevollen Blick auf dich und deine Entwicklung. Mit Abwertung und Kritik wirst du nicht lange dranbleiben.

★ Lass dir nix erzählen. Es gibt nur ein richtiges Tempo,

---

[*] Warum keine MUTproben? Das erkläre ich noch mal ganz genau im Kapitel »MUTprobe oder MUTiges Leben«, einfach weiterlesen. ☺

in welchem deine Entwicklung stattfinden kann und es gibt auch nur einen richtigen Zeitpunkt für dein Loslegen, und das ist immer DEIN eigenes und nicht das der Anderen.

★ Sei dein eigenes MUTiges Vorbild. Alles andere ist für deinen persönlichen Weg einfach nicht relevant. Und es kommt noch hinzu: Sich viel mit anderen zu vergleichen macht einfach unzufrieden, deshalb lass es lieber.

## ÜBER DIESES BUCH
### und wie du damit arbeiten kannst

Ich möchte dir mit diesem Buch MUT machen. Ja, richtig, dich erMUTigen, genau dein Ding zu machen! Was immer das heißen mag – für dich.

Ich möchte dich unterstützen, damit du dich davon befreien kannst, dein Leben nach den Erwartungen oder Anforderungen der Anderen auszurichten. Damit du lernst, trotz Angst loszugehen, mit MUT und Vertrauen im Gepäck, wissend, dass sich der Weg dem Gehenden unter die Füße legt.

Denn nur so kann es funktionieren, wenn wir außerhalb unseres sicheren und bereits bekannten Bereiches Neues ausprobieren und Großes wagen möchten. Wenn es nicht neu wäre, würden wir den Weg bereits kennen. Wenn wir aber nur losgehen, wenn wir den Weg bereits kennen, na, dann können wir nie etwas Neues erfahren und erleben.

Ich glaube fest daran, dass den MUTigen die Welt gehört. Aber ich glaube nicht daran, dass wir einfach MUTig geboren werden oder uns der MUT in die Wiege gelegt wird. Bei einigen wenigen ist das vielleicht so. Sie werden mit Vertrauen in sich und in die Welt großgezogen. Sie werden erMUTigt an sich zu glauben und Großes zu wagen. Sie wurden nicht oft entMUTigt und kleingehalten. Ihnen wurde nicht das Vertrauen ab- und die Zweifel anerzogen. Aber bei wem ist das schon so gelaufen? Leider bei den wenigsten von uns!

Für das MUTmuskeltraining ist es egal, wie es bei dir war, was du gelernt hast und glaubst über dich und über das, was du dir zutraust oder eben auch nicht. Es ist nie zu spät, die eigene Stärke und Kraft und deinen MUTmuskel zu entdecken und mit dem Training zu beginnen – so wie der Marathonläufer einem Trainingsplan folgt, an dessen Ende die 42,195 Kilometer stehen. Genauso kannst du deinen MUTmuskeltrainingsplan erstellen, um jeden Tag stärker und unabhängiger zu werden.

Kleine Schritte, sinnvolle Ziele und Zwischenstopps, gute Vorbereitung, ausgewählte Laufstrecken, Unterstützer am Wegesrand und dann ab durch die Ziellinie und den Erfolg feiern. Und auch hier ist es wieder ganz abhängig von dir und deinem Leben, was du feiern möchtest:

→ Ich bin angekommen, ohne Verletzung!
→ Ich habe meine Zeit eingehalten!
→ Ich war der oder die Schnellste!
→ Ich war die oder der Dickste, Älteste oder Unsportlichste und habe es trotzdem geschafft!

Ein MUTiges Leben zu führen heißt nicht, vom höchsten Berg zu springen. Ein MUTiges Leben zu führen heißt, selbstbestimmt zu leben. Auf den eigenen inneren Kompass zu hören und sich nicht von außen den Weg vorgeben zu lassen, den eigenen Gestaltungsspielraum voll und ganz zu nutzen, Neues auszuprobieren, auch mal zu scheitern, es trotzdem wieder zu versuchen, Grenzen zu erweitern, die einschränkend sind.

Am Ende heißt es, genau das Leben zu führen, das du führen willst, deine Potentiale auszuschöpfen, deine Talente zu nutzen, sei es beruflich oder privat – um genau DEIN DING zu machen und wirklich aus vollem Herzen zu leben.

Dieses Buch kann dir dabei helfen:
- das Wesen des MUTs zu verstehen
- damit aufzuhören, dir von außen erzählen zu lassen, was richtig für dich ist
- neue, passende eigene Ideen für dich und dein Leben zu entwickeln
- mit Freude auch mal zu scheitern
- einen liebevollen Blick auf dich zu entwickeln
- MUTiger zu werden
- dein Ding zu machen
- wieder Chef / Chefin im eigenen Leben zu sein
- dein Leben zu verändern

Was dieses Buch nicht kann:
- deine Angst schnell wegzaubern
- dir das Training abnehmen
- dich reich, dünn, erfolgreich in 21 Stunden machen ☺

Vielleicht hast du das Buch gekauft, weil du die Sehnsucht nach mehr Selbstbestimmung spürst? Vielleicht befindest du dich gerade in einer Krise und brauchst etwas MUT, um deinem Leben eine neue Richtung zu geben? Und vielleicht bist du auch einfach neugierig, was mit einer Portion mehr MUT noch alles in deinem Leben möglich wäre? Egal, was genau deine Motivation ist, dieses Buch ist ein guter Wegbegleiter für alle, die das Leben bei den Hörnern greifen möchten. Lass uns gemeinsam auf eine großartige Reise gehen, wer weiß, am Ende wird sie womöglich lebensverändernd?

Wenn man zusammen reist, dann macht es Sinn
→ sich besser kennenzulernen – deshalb habe ich dir direkt zu Beginn meine persönliche Geschichte erzählt
→ sich zu duzen – denn wir werden uns wirklich sehr gut kennenlernen, oder besser gesagt du mich und du dich selber
→ neugierig, offen und ehrlich zu bleiben – denn Veränderung und Entwicklung brauchen
  ★ Neugierde auf das Neue und die Möglichkeiten, die sich dadurch eröffnen
  ★ Offenheit, damit ein anderer Blickwinkel möglich wird
  ★ und Ehrlichkeit, denn nur wenn du bereit bist, wirklich ehrlich mit dir und deinem Leben zu sein, ist Veränderung und Wachstum möglich.

Dieses Buch ist zum Lesen, Inspirieren und auch zum Arbeiten da. Du wirst immer wieder ganz konkrete Hinweise zu Reflexionsaufgaben, Übungen und Anleitungen zum Selbstcoaching finden. Und falls dir das noch nicht genügt, dann kauf dir direkt auch noch das Arbeitsbuch* zum Taschenbuch. Dort findest du noch mehr Übungen für ein MUTiges

---

* Ab Februar 2019 erhältlich, das Arbeitsbuch zum Taschenbuch MUTmuskeltraining

Leben, Platz für Notizen und jede Menge Kopiervorlagen für zukünftige Herausforderungen.

Zwischen den Kapiteln und Texten von mir wirst du immer wieder neue interessante Persönlichkeiten kennenlernen – so wie gleich Maren –, die auch ihren MUTmuskel trainiert haben. Lass dich inspirieren, was alles geht, wenn man sich traut. Und lass dich vor allem überraschen, wie unterschiedlich Ängste und MUTige Taten sein können – manchmal klein und leise und manchmal groß und lebensverändernd.

Du kannst dir unter www.mutmuskeltraining.de ergänzende Unterlagen zum Buch runterladen, einen passenden MUTmuskeltrainingsplan ausdrucken und danach trainieren und am Ende gibt es sogar ein Zertifikat für dich! Woohoo! Aber bitte nicht schummeln und schon jetzt runterladen, sondern erst mal fleißig trainieren und MUTiger werden. ☺ Und jetzt wünsche ich dir eine gute Lektüre und ein noch besseres #MUTmuskeltraining.

Deine Tanja

**Wer bin ich? Was mache ich?**
Ich bin Maren, ein gut gelaunter »Großstadt-Hipster« aus Köln, bei dem nix mehr ohne Yoga und grüne Smoothies geht! ☺ Beruflich und privat dreht sich bei mir viel um Weiterbildung und Persönlichkeitsentwicklung.
**Meine mutige Tat:**
Ich habe einem Mann meine wahren Gefühle gestanden, obwohl ich ahnte, dass es für uns als Paar kaum eine Chance gibt.

**Meine größte Angst:**

Es fällt mir erstaunlich schwer, jemandem ehrlich und direkt zu sagen, wie es tief in meinem Herzen und in meiner Gefühlswelt wirklich aussieht. Aus Angst, nicht gut genug zu sein und abgelehnt oder verletzt zu werden, steht mein falscher Stolz mir häufig im Weg.

**So konnte ich diese Angst überwinden:**

Jemand sagte mal »In jeder Enttäuschung steckt auch das Ende einer Täuschung!«.

Wie wahr! Mir wurde bewusst, dass ich nur gewinnen kann und an meinen Aufgaben wachse. Egal wie der Ausgang ist.

**Hat es sich gelohnt?**

Absolut! Zu erfahren, wie befreiend es sich anfühlt, meine Gefühle zu offenbaren, hat mich enorm weitergebracht!

**Mein Lieblingszitat zum MUT:**

»Lieber durch Risiko einen Schritt zurück als ein Stillstand im Leben.« Der Spruch begleitet mich seit meiner Jugend und ist mein persönlicher Reminder, mich immer weiterzuentwickeln und nie aufzugeben, wenn es unbequem wird. Denn meistens lohnt es sich dann erst so richtig.

# Schnelleinstieg für die ganz Eiligen –
# DIE MUTFORMEL

Für alle, die es sehr eilig haben, sich das Buch gekauft haben und es auch lesen wollen, sich aber erst mal einen Schnelleinstieg in das MUTmuskeltraining wünschen: voilà. Auch für euch habe ich etwas vorbereitet. Hier ist sie, die ganz einfache MUTformel für unterwegs und den Schnellstart:

Du brauchst ein attraktives und für dich sinnvolles Ziel, lass es uns DEIN DING nennen.

Du brauchst Angst, Zweifel, Sorgen oder ein Risiko, was mit diesem Ziel verbunden ist, lass es uns DEINE ANGST nennen.

Nun stell dir die folgende Frage: Mal angenommen, du möchtest DEIN DING machen und DEINE ANGST wäre nicht existent. Was genau würdest du machen? Welche Schritte würdest du gehen, um dein Ziel zu erreichen?

Unterteile nun alles, was zu tun ist, in kleine, gut machbare Schritte und notiere dir jeden einzelnen dieser Schritte und damit den Weg zum Ziel und lass es uns DEIN MUT-MUSKELTRAINING nennen.

So weit so klar? Bist du noch an Bord? Vielleicht geht es dir so wie mir, ich finde, es fehlt noch was und zwar das Fundament, damit der Oberbau nicht ins Wanken gerät und du

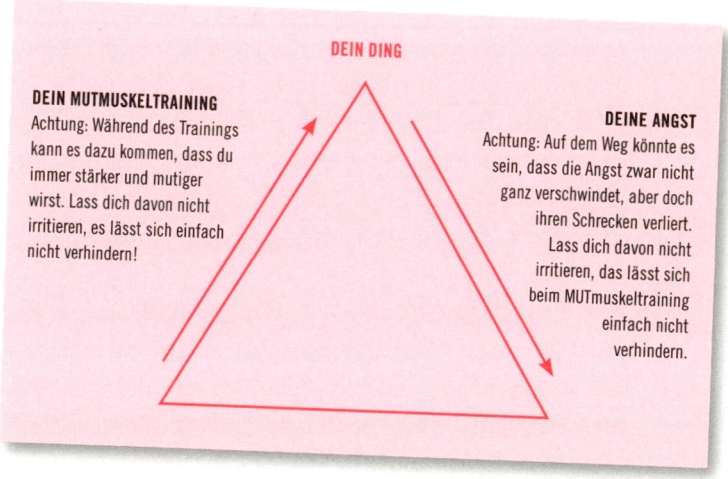

**DEIN DING**

**DEIN MUTMUSKELTRAINING**
Achtung: Während des Trainings kann es dazu kommen, dass du immer stärker und mutiger wirst. Lass dich davon nicht irritieren, es lässt sich einfach nicht verhindern!

**DEINE ANGST**
Achtung: Auf dem Weg könnte es sein, dass die Angst zwar nicht ganz verschwindet, aber doch ihren Schrecken verliert. Lass dich davon nicht irritieren, das lässt sich beim MUTmuskeltraining einfach nicht verhindern.

dich auch wirklich traust loszulaufen. Das Fundament besteht aus vier goldenen Regeln und einer großen Sportlerweisheit.

→ Wir lernen laufen durch Hinfallen, deshalb ist dein Erfolgsmaßstab für eine Trainingseinheit in deinem MUTmuskeltraining nie das erfolgreiche Ergebnis, sondern immer der Schritt, den du gegangen bist. Feiere dich für diesen Schritt und erlaube dir auf dem Weg auch mal hinzufallen und zu scheitern, das entspannt ungemein.

→ Wir lernen nur mit Freude und Begeisterung, deshalb schaue nicht mit Abwertung oder allzu kritisch auf deine Entwicklung und auch auf deine Fehler, denn das sabotiert dich und macht dir das Dranbleiben unnötig schwer. Wachstum und das Überwinden von Ängsten braucht einen freundlichen und wertschätzenden Umgang mit sich selbst und damit du so mir dir umgehen kannst, hilft sicherlich eine gute Portion Selbstliebe.

→ Jeder entwickelt sich zu seiner Zeit und in seinem Tempo, deshalb lass dir mal lieber nicht von außen reinquatschen, wie dein Trainingsplan auszusehen hat. Wichtig ist, dass du dich auf den Weg machst. Und kleine Schritte ganz kontinuierlich gegangen, bringen dich irgendwann auch zum Ziel, wichtig ist das Losgehen und in Bewegung bleiben.

→ War dir gestern ein Schritt noch nicht möglich, den du heute gegangen bist, dann freue dich und feiere dich dafür. Vergleiche mit anderen Menschen und deren MUTigen Taten sind für dein Leben nicht relevant und machen nachweislich nur unzufrieden. Sei lieber dein eigenes MUTiges Vorbild.

Und die große Sportlerweisheit? Während des Trainings schwitzt man, es ist anstrengend, es tut weh, es ist mühsam und es fühlt sich manchmal echt beschissen an. Gelegentlich möchtest du aufgeben, weil du nicht an dich und deine Fortschritte glaubst. An manchen Tagen fühlst du dich wie ein blutiger Anfänger und nichts will so richtig funktionieren. Und ab und zu willst du auf der Couch sitzen bleiben, weil es einfach gemütlicher und bekannter ist als das anstrengende und abwechslungsreiche Training.

ABER: Es gibt nichts Besseres als das Gefühl nach dem Training. Du bist stolz, du hast dich und deine Kraft gespürt, du fühlst dich stärker und du bist zufrieden mit dir und dem Gefühl, dass du so richtig was erreicht hast.

Genauso ist es beim MUTmuskeltraining auch, während des Trainings fühlt es sich nicht immer schön an, denn die Angst begleitet uns ja noch und versucht hier und da die Kon-

**DEIN DING**

**DEIN MUTMUSKELTRAINING**
Achtung: Während des Trainings
kann es dazu kommen, dass du
immer stärker und mutiger
wirst. Lass dich davon nicht
irritieren, es lässt sich einfach
nicht verhindern!

**DEINE ANGST**
Achtung: Auf dem Weg könnte es
sein, dass die Angst zwar nicht
ganz verschwindet, aber doch
ihren Schrecken verliert.
Lass dich davon nicht
irritieren, das lässt sich
beim MUTmuskeltraining
einfach nicht
verhindern.

| Gute Fehler-kultur | Eine Portion Selbstliebe | Dein Tempo | Du bist der Maßstab |

trolle zu übernehmen. Aber es lohnt sich dranzubleiben und
jeden Tag ein Stück stärker, MUTiger und freier zu werden.

Es fehlt dir immer noch was? O.k., verstehe. Es braucht noch
Unterstützung? Eine Ressource? Gute Wegbegleitung? Eine
neue Idee? Einen anderen Weg? Mehr Vorbereitung? Noch
ein bisschen Know-how? Dann lass uns dies DEINEN JOKER
nennen. Du weißt am besten, was du als Unterstützung auf
dem Weg benötigst, und kannst den Joker dann genau für
diese Ressource nutzen. Deine Ressource kann auch dieses
Buch sein, mit all den Geschichten, ErMUTigungen, Übungen und Vorschlägen. Schau, was davon du brauchst, um
loszugehen – damit du DEIN DING machen kannst.

So, nun kannst du sofort loslegen mit dem MUTmuskeltraining, denn du hast die Formel und alle wichtigen Hinweise auf einen Blick in diesem Kapitel! Oder du lässt dich noch ein bisschen von meinen Geschichten und den vielen Übungen und Trainingsimpulsen aus dem Buch inspirieren. Egal wie, Hauptsache du legst los. ☺

**Wer bin ich? Was mache ich?**
Ich heiße Isabel García und bin Bestsellerautorin und Kommunikationsexpertin auf diversen Kanälen.
**Meine mutige Tat:**
Öffentlich Singen!

**Meine größte Angst:**

Ich bin schüchtern und hatte ständig Angst im Mittelpunkt zu stehen. Vor allem vor fremden Menschen. Was ist, wenn meine Stimme versagt, ich den Text vergesse oder ich zwar alles richtig mache, aber niemand meine Stimme mag?

**So konnte ich diese Angst überwinden:**

Indem ich es einfach gemacht habe. Ich habe mutig Ja gesagt, als mich eine Kollegin fragte, ob ich auf ihrer Hochzeit singen könnte. Dann wurde ich für ein Konzert angefragt und bevor die Angst siegen konnte, habe ich wieder Ja gesagt. Am Anfang hat sich der Kopf gewehrt, indem er mir vor jedem Auftritt eine Grippe schickte, später zu viel Speichel im Mund und irgendwann sogar Durchfall. Ich habe mich nicht beirren lassen und bin immer aufgetreten. Komme was wolle.

**Hat es sich gelohnt?**

Definitiv. Der Kopf hat irgendwann aufgehört, mir zu große Felsbrocken in den Weg zu legen. Mittlerweile habe ich »nur« noch normales Lampenfieber. Und der Applaus ist unbezahlbar.

**Mein Lieblingszitat zum MUT:**

Schnell Ja sagen, bevor die Angst dich davon abhalten kann.

# ÜBER
# DEN
# MUT

# Vier Irrtümer und ein Missverständnis

Das Wesen des MUTs wird oft verkannt, manchmal verwechselt und meist nicht so richtig verstanden. Ich räume hier mal mit ein paar Irrtümern und Missverständnissen auf. Damit du es einfacher hast deinen MUT zu trainieren, ohne an falschen Vorstellungen hängen zu bleiben.

## Erster Irrtum:
## Wer MUTig ist, hat keine Angst

Das ist sicherlich der größte Irrtum zum MUT, denn das Gegenteil ist der Fall. Wenn wir keine Angst haben, dann handeln wir einfach und brauchen keinen MUT, um dies zu tun. Nur wenn die Angst sich meldet, braucht es den entsprechenden MUT, sie zu überwinden.

Es ist also nicht Ziel dieses Buches, alle Ängste zu verlieren. Es geht vielmehr darum zu lernen, trotz Angst loszugehen und handlungsfähig zu bleiben oder zu werden. MUT ist die Kompetenz, die Angst zu überwinden und nicht vor ihr stehen zu bleiben. MUT ist die Fähigkeit, die Angst zwar wahrzunehmen, aber trotzdem das Steuer nicht aus der Hand zu geben. Wenn du lernst, auch in solchen Momenten noch im Chefsessel zu bleiben, na, dann steht nichts mehr zwischen dir und deinem freien und selbstbestimmten Leben.

Angst ist also die Voraussetzung für MUT. Ohne Angst würde es MUT nicht geben und wir würden ihn auch gar nicht brauchen. Vielleicht kannst du die Angst ab sofort mehr als Freund und nicht mehr so sehr als Feind betrachten. Denn Angst ist ja erst mal funktional und will uns vor einer möglichen Gefahr warnen. Sie will uns also zunächst nur sagen: Schau noch mal genau hin und wäge ab, ob du das machen möchtest. Auf den zweiten Blick lädt uns diese Angst dann vielleicht ein, uns gut vorzubereiten, weil wir gerade etwas Neues ausprobieren. Frage mal Künstler oder Sänger, ob sie ihr Lampenfieber komplett loswerden möchten. Was glaubst du? Nein, ein bisschen Adrenalin und Aufregung, bevor der Vorhang hoch geht, ist gut für die Konzentration, die Präsenz und um nicht fahrlässig zu werden und sich trotz viel Erfahrung immer wieder gut vorzubereiten und konzentriert zu sein.

### Zweiter Irrtum:
### Wir brauchen WageMUT für ein MUTiges Leben

Manchmal wird der MUT mit dem Wagemut verwechselt. Dann scheint es im Wesentlichen darum zu gehen, möglichst viel Adrenalin auszuschütten, die Gezeiten oder die Schwerkraft zu überwinden und etwas zu schaffen, was auch schnell in Verletzungen oder Unfällen enden könnte. Ich will niemandem den Wagemut absprechen. Wenn man Lust und Spaß an solchen Herausforderungen, sportlichen Höchstleistungen oder Abenteuern hat, dann ist das ganz wunderbar und kann sicher erfüllend sein.

Aber wir müssen solche Dinge nicht tun, um unseren MUT zu trainieren und ein selbstbestimmtes Leben zu führen. Es reicht, sich im Alltag etwas zu trauen oder zuzutrauen und immer da MUTig einzuschreiten, wo sich die Angst in den Weg stellt. Wir können Grenzen überwinden, die uns in unserer Entwicklung hemmen und unsere Komfortzone erweitern, wenn es darum geht zu wachsen und in unsere volle Größe zu kommen.

Du musst nicht zwangsläufig deine Höhenangst überwinden, nur weil sie da ist. Wenn du natürlich Fallschirmspringer werden willst oder dich diese Angst auch sonst in deinem Alltag einschränkt oder von großen Träumen abhält, dann solltest du mit dem MUTmuskeltrainig beginnen. Ansonsten darfst du deine Höhenangst auch einfach behalten und pflegen.

Deshalb werde ich nicht müde, in meinen Vorträgen zu wiederholen: Das Leben ist zu kurz für MUTproben! Investiere deine Zeit und Energie lieber in sinnvolle Grenzerweiterungen. Die Musik spielt in unserem alltäglichen Tun. Deshalb kultiviere und trainiere lieber den AlltagsMUT statt den WageMUT.

### Dritter Irrtum:
### Ich bin und bleibe ein Angsthase – andere sind viel MUTiger als ich!

Niemand ist zu 100 Prozent ein Angsthase. Wir haben alle IMMER MUTige und ängstliche Anteile in uns. Natürlich gibt es Menschen, die etwas ängstlicher sind oder zumindest ängstlicher wirken als andere. Für das MUTmuskeltraining heißt das aber lediglich, dass diese Menschen ein großes Potential haben zu wachsen. Und meine Erfahrung ist, dass gerade diese Menschen oft über sich hinauswachsen, sobald sie verstehen, wie sie den MUTmuskel trainieren können, aufhören sich mit anderen zu vergleichen und ihren eigenen Maßstab anlegen. Dann wird auf einmal die eigene Entwicklung sichtbar und nicht mehr der unfaire und wenig sinnvolle Vergleich zu irgendjemand anderem.

Auch ich ertappe mich manchmal dabei, andere Leute für MUTiger zu halten, als mich selbst. Oder zu denken, dass ihnen Aufgaben einfach leichter fallen als mir. Mittlerweile fällt mir aber schnell wieder ein: Die anderen denken genauso, nur eben andersherum und dann kann ich den Gedanken direkt wieder loslassen. Wir Menschen tendieren einfach dazu, uns selbst kritischer zu sehen, als die anderen das tun. Deshalb können andere Menschen auch Potentiale und Talente in uns sehen, die für uns noch nicht sichtbar sind.

Also lass das Vergleichen lieber,

➜ denn es ist für dein Leben und deine Entwicklung völlig egal, ob andere etwas schneller oder besser können als du. Es hilft dir einfach nicht weiter.

➜ denn der Vergleich hinkt meist, da wir überhaupt nicht einschätzen können, ob es für den anderen ein schwerer Schritt war. Vielleicht war und ist es für den anderen ein Heimspiel, weil er oder sie einfach durch andere Themen herausgefordert ist, aber eben nicht durch das Thema, das dir schwerfällt.

➜ denn der Vergleich hinkt direkt ein weiteres Mal, da wir mit anderen meist großzügiger sind und nur auf uns selbst so kritisch schauen.

Wenn du also aus deiner Sicht zu den ganz großen Angsthasen gehörst, dann freue dich jetzt schon auf die Riesenschritte, die du machen wirst. Denn das MUTmuskeltraining funktioniert wie jedes andere Krafttraining auch. Wenn du regelmäßig trainierst, dann kannst du es gar nicht verhindern, jeden Tag ein Stück stärker und MUTiger zu werden.

Versuch doch mal jeden Tag Liegestütze zu machen, ohne stärker zu werden. Und? Siehste, geht gar nicht!

### Vierter Irrtum:
### MUTige Taten sind immer auch Heldentaten

Die breite Masse glaubt, MUTige Taten sind von außen sichtbar. Wow, das war aber MUTig, dass du gekündigt hast und dir einen anderen Job gesucht hast. Vielleicht war es das? Vielleicht aber auch nicht! Wer weiß das schon. Denn es kommt ja immer darauf an, ob du davor Angst hattest. Deshalb werden die kleinen, leisen Dinge, die wir uns jeden Tag trauen, nicht als MUTig wahrgenommen. Wenn aber jemand Angst hat, alleine auf eine Veranstaltung zu gehen, weil er den sogenannten Small Talk nicht beherrscht und nicht so leicht mit Menschen ins Gespräch kommt, dann ist es sehr MUTig, sich dieser Herausforderung zu stellen.

Um genau diesen Irrtum – dass MUTige Taten von außen sichtbar sind – aus dem Weg zu räumen, habe ich die MUT-interviews für dieses Buch geführt. Damit für dich sichtbar wird, dass Ängste ganz individuell sind und damit eben auch der MUT, diese zu überwinden. Manchmal wirst du dich wundern, wovor jemand Angst hatte, weil es für dich keine Herausforderung gewesen wäre, und manchmal wird dir der Mund offenstehen, weil du zutiefst beeindruckt sein wirst, was sich jemand getraut hat. Und am Ende wirst du deine ganz eigene Geschichte schreiben, eben mit deinen MUTigen Taten.

## Das große Missverständnis:
## Die MUTberaterin ist angstfrei

Viele denken – da ich mich MUTberaterin nenne und mit dem Slogan »Ich mache Menschen MUTiger!« in die Welt gehe –, dass ich völlig furchtlos bin und für mich kein Berg zu hoch oder Tal zu tief ist. Dann muss ich immer sehr schmunzeln. Wenn ich mal selbst als Teilnehmerin auf einer Veranstaltung oder auf einem Seminar bin und darüber spreche, dass ich mich gerade etwas noch nicht traue oder an etwas große Zweifel habe, na, dann schlägt mir oft großes Unverständnis entgegen: »Wie? Ich dachte du bist die MUT-frau. Das verstehe ich nicht, dann mach doch mal.«

In dieser Aussage stecken für mich sogar zwei Missverständnisse:

Nein, ich bin nicht die MUTberaterin geworden, weil ich furchtlos bin und vor nichts und niemandem Angst habe, sondern weil ich ein großer Angsthase war und es manchmal immer noch bin. Deshalb bin ich Expertin für das Thema MUT und MUTiges Leben geworden, weil ich so viele Möglichkeiten zum Training hatte.

Und das zweite Missverständnis ist die Annahme, dass man mit der einfachen Aufforderung »Mach halt mal, ist doch nicht so schwer!« Menschen zu einem MUTigen Schritt oder in Entwicklung bringen kann.

Entwicklung passiert nicht auf Bestellung von außen, sondern immer nur mit der inneren Bereitschaft und im eigenen Tempo.

Von außen sehen die Ängste manchmal klein und unverständlich aus, während sie sich in dir groß und übermächtig anfühlen.

Jeder Mensch hat andere Herausforderungen, Ängste und Zweifel, das muss das Gegenüber nicht verstehen oder nachvollziehen können. Es ist einfach, wie es ist. Das gilt es erst mal zu akzeptieren, beidseitig.

Wir erMUTigen Menschen nicht, sich zu entwickeln, indem wir mit Unverständnis oder platten Aussagen auf deren Ängste oder Verletzlichkeit reagieren. Wenn wir wirklich unterstützen wollen, dann können wir dies viel besser, indem wir gute Fragen stellen, statt unsere Wahrheit und Sichtweise ungefragt über dem anderen auszugießen.

Hilfreicher wäre also zum Beispiel zu fragen: Kannst du sagen, wovor genau du Angst hast? Hast du eine Idee, was dir jetzt gerade helfen könnte, diese Angst zu überwinden? Kann ich dir gerade dabei helfen?

Lass uns also gemeinsam trainieren und lernen, wie wir noch selbstbestimmter und freier leben können. Und wenn du mich mal auf einem Seminar oder Vortrag treffen solltest, na, dann sei bitte nicht verwundert, wenn ich gerade wieder für etwas trainiere, was ich mich noch nicht traue.

● ● ● ● ● ● ● ● ● ● ● ● ● ● ● ● ● ● ● ● ● ● ● ● ● ● ● ● ● ● ● ● ● ● ● ● ● ● ● ● ● ● ● ● ● ● ● ● ● ● ● ●

**Wer bin ich? Was mache ich?**
Ich bin Julia Spieß (43), ich bin leidenschaftliche Improvisateurin (privat und beruflich). Ich arbeite als Coach, Improvisationsschauspielerin und Trainerin für die Menschen, die ihre Überraschungskompetenz stärken wollen.
**Meine mutige Tat:**
Selbständige Unternehmerin zu sein (mit 3 Kindern), um die Barriere zwischen »work« und »life« aufzuhebe(l)n!

**Meine größte Angst:**

Ich habe oft Angst gehabt, meine Arbeitsweise könnte nicht professionell genug wirken, weil Improvisation und Spontaneität oft als Notlösungen angesehen werden.

**So konnte ich diese Angst überwinden:**

Ich habe meiner Intuition vertraut. Es gibt außerdem ein paar »goldene Improvisationsregeln«, die mich täglich begleiten wie ein Mantra …

Und: Das Feedback meiner Klienten / Kunden spricht für sich und mich!

**Hat es sich gelohnt?**

Volle Lotte! Ich liebe meine Berufung und jeden einzelnen Tag, an dem mich meine Arbeit und meine Familie beglücken. Das sind mittlerweile fast alle Tage!

**Mein Lieblingszitat zum MUT:**

Machen ist wie Wollen – nur krasser!

# UnternehmerMUT

Viele Menschen, mit denen ich arbeite, zieht es in die Selbständigkeit. Warum? Weil einige einfach nicht das Umfeld oder den Job finden, der sie wirklich zufrieden macht und Raum für Wachstum lässt. Andere wiederum möchten ihre Berufung leben und es gibt genau diese Tätigkeit nicht in Festanstellung, so »müssen« sie sich etwas Eigenes aufbauen. Und dann gibt es noch Menschen, ich habe so ein Exemplar daheim, die sich einfach nicht vorstellen können, für andere zu arbeiten und egal was sie machen, dies immer in der Selbständigkeit tun werden. So wie die Menschen ist also die Motivation für die Selbständigkeit und das Unternehmertum ebenfalls sehr unterschiedlich.

Eins teilen sie alle miteinander: Selbständigkeit braucht oft viel MUT. Denn als Unternehmer werden wir mit vielen Situationen konfrontiert, die außerhalb dessen liegen, was wir kennen, können oder machen möchten.

Bereits beim Sichtbarwerden, also dabei, die erste eigene Webseite zu erstellen oder Werbung zu schalten, geht es los mit vielen Sorgen, Ängsten und Zweifeln. Was denken Freunde, Bekannte, ehemalige Kollegen oder Nachbarn über meine Internetseite oder mein Angebot? Wie wird meine Leistung oder mein Content in den Social-Media-Kanälen aufgenommen und kommentiert?

Mit einem eigenen Business wird man sichtbar in der Welt und ein Stück öffentlicher und damit auch vergleichbar und bewertbar. Davor schrecken viele zurück und schalten deshalb einfach nie die Webseite frei, schreiben keine

Blogartikel oder trauen sich nicht an das Medium Video bzw. an Youtube ran, weil sie nicht den MUT aufbringen, diesen Schritt in die Öffentlichkeit zu gehen.

Für viele Leute in meiner Branche (Coach, Trainer, Speaker) braucht es den MUT, sich gut zu positionieren und Stellung zu beziehen, sich zu trauen, für ein Thema zu stehen, in dieses wirklich tief einzutauchen und sich damit auch von anderen Themen oder Bereichen abzugrenzen. Dann wird die Angst auf einmal groß, dass die Angebotspalette nicht breit genug ist oder die Zielgruppe sich das Angebot nicht leisten kann. Dann bleiben einige lieber beim Bauchladen, versuchen damit die breite Masse anzusprechen und einfach jeden Auftrag an Land zu ziehen – und sind am Ende enttäuscht, wenn der große Erfolg ausbleibt und die Honorare unter dem Durchschnitt liegen.

Damit ist auch direkt das nächste Stichwort gefallen: Honorare, Verhandeln, Verkaufen! Hier steigen dann die Nächsten aus und möchten lieber doch nicht selbst für alles verantwortlich sein. Ich bin genau zu diesen Themen in meinen Seminaren und Trainings unterwegs, weil hier die Angstzone oft ziemlich ausgeprägt ist.

Wir haben Angst, uns nicht gut zu »verkaufen«, sprich, keine Kunden zu gewinnen oder uns etwa zu teuer oder auch zu günstig anzubieten. Wir haben Angst vor dem NEIN und akquirieren deshalb lieber erst gar nicht. Und im Verkaufsgespräch haben wir Angst, die Fragen zu stellen, die uns zu einem positiven Verkaufsabschluss leiten können – entweder weil wir es noch nicht können oder weil wir uns nicht trauen.

Dann gibt es natürlich die generelle Angst, in der Selbständigkeit zu scheitern, bankrottzugehen oder eben nie so richtig durchzustarten. Und einige Menschen haben tatsächlich vor dem Gegenteil Angst, nämlich richtig groß und erfolgreich zu werden. Denn auch großer Erfolg ist mit vielen Herausforderungen verbunden, mit Öffentlichkeit, mit Neid, mit mehr Verantwortung und natürlich am Ende auch mit der Möglichkeit öffentlich zu scheitern.

Schon jetzt beim Lesen ist dem ein oder anderen vielleicht die Lust vergangen. So viele Ängste, Sorgen und Nöte in der Selbständigkeit – dann lass ich es lieber. *Bloß nicht!* kann ich dir da nur zurufen. Hier kommt mal die Liste all der Dinge, warum ich es mache und die mich so viel glücklicher machen, als es jemals mein alter Job in Festanstellung hätte tun können:

→ Du kannst frei und selbstverantwortlich deine Arbeit in Hinsicht auf Ort, Zeit und Häufigkeit gestalten.

→ Du legst selbst deine Ziele und Ausrichtung fest und kannst sie jederzeit wieder verändern.

→ Du darfst jeden Tag kreativ sein und neue Ideen in die Welt bringen.

→ Du kannst mit den Menschen arbeiten, die du magst, denn du legst ja die Zielgruppe fest.

→ Wenn es dir so geht wie mir, dann kannst du auf einmal alles nutzen, was du in deinem Leben bis jetzt gelernt hast – keine Erfahrung war umsonst –, und du kannst dir aus diesen Erfahrungen und Kompetenzen etwas ganz Eigenes bauen.

→ Du kannst jeden Tag das tun, was du liebst und was dein Herz zum Schwingen bringt. Und dass du damit dann auch noch gutes Geld verdienen kannst, ist wie die Sahnehaube auf dem sowieso schon leckeren Kuchen. Dafür bedarf es natürlich eines guten MUTmuskeltrainings und des Willens, immer wieder an sich selbst zu arbeiten, alte Glaubenssätze und Sabotierendes über Bord zu werfen und sich zu seiner vollen Größe aufzurichten.

Wenn du diesen Schritt vor dir hast oder gehen möchtest, dann steht an erster Stelle, sorgfältig zu überprüfen, warum du dich selbständig machen möchtest und welche deine Ängste bezogen auf die Themen Positionierung, Sichtbarkeit, Honorar und Verkaufen sind. Das sind oft die großen Hebel für den Erfolg oder eben für das Scheitern deines Vorhabens.

Du kannst dann das MUTmuskeltraining genau für diese Felder nutzen und in kleinen Schritten immer stärker und selbstbestimmter deine Idee für dein Business aufbauen. Was du dir nicht leisten solltest, ist lange mit Ängsten und Sorgen schwanger zu gehen. Investiere lieber in dich und lasse dich gut durch diesen Prozess begleiten, damit es nicht zu lange dauert, bis du deinen MUTmuskel aufgebaut hast.

●●●●●●●●●●●●●●●●●●●●●●●●●●●●●●●●●●●●●●●●●●●●●●●●●●●●●●●●●●●●●●

**Wer bin ich? Was mache ich?**
Marina Friess – Vollblutunternehmerin, Autorin, Dozentin und Initiatorin des Feminess Kongress für Frauen!
**Meine mutige Tat:**
Nach 10 Jahren einem Auftraggeber zu kündigen. Ich habe durch diesen Auftraggeber regelmäßiges – monatlich im fünfstelligen Bereich – Einkommen erhalten. Aber es hat nicht mehr gepasst, die Leidenschaft für diese Tätigkeit war nicht mehr da.

**Meine größte Angst:**

Vor zwölf Jahren habe ich mich selbständig gemacht und mir ging es damals finanziell nicht gut. Ich habe sogar bei Freunden auf einer Luftmatratze geschlafen und musste mich da erst mal wieder raus-arbeiten. Bei der Kündigung kamen diese alten Themen und finanziellen Sorgen wieder hoch.

**So konnte ich diese Angst überwinden:**

Die wichtigste Frage ist doch immer: Stehst du dahinter? Machst du es noch aus Leidenschaft oder ist es eher aus finanziellen Gründen und wegen der lieben Sicherheit? Meine Identität lässt es einfach nicht mehr zu, Dinge zu tun, hinter denen ich nicht stehen kann. Und ich habe gelernt: Wenn du dich nicht entscheidest, dann entscheidet jemand anderes für dich. Und das ist meist nicht in deinem Sinne.

**Hat es sich gelohnt?**

Das wird sich noch herausstellen. Aber sich zu fokussieren ist einfach wichtig und das habe ich damit getan. Das kostet eben MUT, genauso wie sich zu positionieren und nicht jedes Angebot anzunehmen.

**Mein Lieblingszitat zum MUT:**

Wenn du bereit bist, deinen wahrhaftigen Kern mit deinen Mitmenschen zu teilen, dann kannst du nicht nicht erfolgreich sein.

# FührungsMUT

Ich selbst war fast zehn Jahre lang Führungskraft. In dieser Zeit durfte ich viel über mich, den Umgang mit Menschen und die eigene innere Haltung lernen. In einer Führungsposition geht es einem ähnlich wie in der Selbständigkeit. Sie gibt jeden Tag Raum für Wachstum und Lernen, wenn wir es denn ernst nehmen und wirklich in unsere Führungs-KRAFT kommen möchten, anstatt nur zu managen.

Führung braucht Standing und MUT, denn es geht immer wieder darum, auch unangenehme Entscheidungen zu treffen, zu überbringen und dann gemeinsam mit dem Team möglichst motiviert umzusetzen.

Führung braucht ein Rollenverständnis und damit verbunden die Erkenntnis, dass man als Führungskraft nicht mehr Teil des Teams ist, sondern eben eine andere Rolle hat. Gerade für neue Führungskräfte und besonders solche, die aus einem bestehenden Team in diese Rolle hineinwachsen, ist dies oft ein schwieriger Schritt. Aus meiner Sicht ist es aber einer der wichtigsten Schritte, um wirklich in der Führungsrolle anzukommen. Und damit meine ich nicht, dass man nicht einen sehr guten und kollegialen Umgang mit seinen Kollegen und Mitarbeitern pflegen kann. Es geht um die innere Klarheit, dass es verbunden mit der Führungsrolle eine andere Aufgabe gibt. Freundschaft, gemocht werden und es sich kuschelig machen, steht nicht mehr im Vordergrund – sondern eher vorangehen, sinnhafte Aufgaben stellen, einen guten Rahmen schaffen, Rückmeldung geben, Wachstum und Entwicklung möglich machen.

Mitarbeiter geben ihren Führungskräften nur die Erlaubnis sie zu entwickeln, wenn es eine vertrauensvolle Basis gibt und die Erfahrung, dass die Führungskraft dies auch wirklich will und zwar im Sinne des Unternehmens, aber eben auch im Sinne des Mitarbeiters.

Andere Facetten von guter Führung habe ich erst durch meine eigene Erkrankung verstanden:

Es braucht eine gute Fehlerkultur im Team und auch bei der Führungskraft selbst, sonst setzen Mitarbeiter auf Fehlervermeidung anstatt auf Kreativität, neue Ideen und Veränderungen.

In der Führungsrolle auch als Mensch sichtbar zu werden, sich in der eigenen Verletzlichkeit zu zeigen, in dem, was schwer ist und herausfordernd, ohne die Größe und Autorität zu verlieren, das unterscheidet in meiner Wahrnehmung, ob jemand wirklich im Sinne der Menschen führen und entwickeln möchte oder ob es am Ende eben doch nur um Status, Macht und Führungsspanne geht. Denn sich so zu zeigen, in voller Menschlichkeit und trotzdem professionell und in Führung, das braucht großen MUT und viel Selbstwert, sorgt aber umgehend für Vertrauen, Offenheit und damit auch für die Möglichkeit, wirklich zu wachsen, sich zu entwickeln und erfolgreich zu werden – für alle und auf allen Ebenen.

Nun muss man nicht unbedingt als Führungskraft tätig sein, um in Führung zu gehen und FührungsMUT zu haben. Auch als Trainerin bin ich für den Tag des Seminars die, die vorne steht, die für diesen Tag die Rahmenparameter und Aufgaben vorgibt, um damit Entwicklung und Wachstum möglich zu machen. Deshalb gibt es für mich auch in diesem

Job einige Parallelen zur Führungsrolle. An dieser Stelle soll Denys Scharnweber (Akademieleiter und NLP-Lehrtrainer) zu Wort kommen, bei dem ich gerade eine Ausbildung gemacht habe. Denn er ist jemand, der den MUT hat, sich wahrhaftig zu zeigen in seiner Menschlichkeit, ohne Angst zu haben, damit die Führungsrolle zu verlieren.

Auf meine Frage: »Lieber Denys, wann warst du das letzte Mal so richtig MUTig?«, gibt es erst mal eine lange Pause. Es wundert mich nicht, denn Denys ist jemand, der eben auch ständig seinen MUTmuskel trainiert, um die eigenen Grenzen zu erweitern, damit Entwicklung und Transformation möglich werden – für ihn und für seine Teilnehmer gleichermaßen.

*In meinen Seminaren bin ich irgendwann mutiger geworden und habe mich getraut, mich auch mit meinen Schwächen und in meiner Verletzlichkeit zu zeigen, denn ich möchte nicht auf einen Sockel gestellt werden. Ich möchte im Seminar mit den Menschen auf Augenhöhe arbeiten und auch so gesehen werden, als Mensch mit Schwächen und Verletzungen, genau wie meine Teilnehmer.*

*Als ich damit angefangen habe, habe ich mich natürlich gefragt, ob man das so machen darf? Und ich habe für mich entschieden: Ja, ich darf das!*

*Mutig bin ich auch in meiner jetzigen Beziehung. Ich traue mich einfach schneller Dinge anzusprechen, die mich beschäftigen oder traurig machen, früher habe ich damit länger gewartet.*

Worin lag die Angst, sich im Seminar als Trainer mensch-
lich und auch verletzbar zu zeigen?

*Wenn ich mich so zeige, wie ich wirklich bin, werde ich
dann noch geliebt und anerkannt? – das war meine Angst
dahinter. Wir dürfen uns dann dieser Angst stellen und
mutig durchgehen und oft merken wir dann, dass sich die
Angst langfristig auflöst.*

*Darüber habe ich selber noch mal gelernt: Man muss nicht
immer in die Vergangenheit gehen, um etwas zu heilen,
man kann auch im Jetzt das Vergangene und das Heutige
für die Zukunft lösen.*

Wie konntest du deine Ängste überwinden?

*Ich habe mich mit den Aspekten der Liebe auseinander-
gesetzt, denn das Einzige, was wir nicht künstlich erschaffen können, ist die Liebe. Und die Liebe hat die
Aspekte: Bedingungslosigkeit, Absichtslosigkeit, Freude,
Nächstenliebe, Vergebung und auch Wahrhaftigkeit.*

*Und wenn du dann auf dein Leben schaust und dich ent-
wickeln und ausrichten möchtest, dann finde ich, diese
Aspekte funktionieren wie ein Kompass, den der liebe
Gott uns mitgegeben hat. Wenn du nicht absichtslos oder
wahrhaftig bist, dann verlässt du diesen Kompass. Und
ich hatte irgendwann einfach keine Lust mehr, mich selber
zu belügen. Natürlich passiert mir das manchmal auch
noch mal, dass ich nicht wahrhaftig oder absichtslos bin,
aber ich bemühe mich wirklich immer mehr und mehr,
genau das zu leben, weil ich wieder zurück zu mir und
meinem Herzen will.*

Lohnt sich dieser Weg für dich?
*Der lohnt sich definitiv. Weil du viel entspannter bist, du empfindest mehr Leichtigkeit und du bist im wahrhaftigen Kontakt zu anderen Menschen. Und dann entsteht Leben, kein künstliches Leben, sondern echtes Leben. Das genau ist der Unterschied.*

Hast du ein Lieblingszitat zum Thema MUTiger leben?
*Wenn du nicht weißt, was du tun sollst,*
*dann frage dein Herz!*

In der Führungsrolle den MUTmuskel ordentlich zu trainieren, ist also sinnvoll und macht dich zu einer besseren Führungskraft, deine Mitarbeiter oder Seminarteilnehmer werden es dir danken. Denn oft entstehen schwierige Situationen mit Menschen durch Angst, Zweifel und Unsicherheit und nicht durch einen guten Selbstwert, Sicherheit und einen reifen Umgang miteinander. Du wirst also leicht jeden Tag etwas finden, das du trainieren kannst, wenn du denn willst.

Zum Training eignet sich natürlich auch ganz wunderbar das Thema Feedback, hier gibt es oft einiges, an das wir uns nicht rantrauen oder was uns herausfordert.

Für Führungskräfte in der sogenannten Sandwichposition gibt es aus meiner Sicht nicht nur die Führung in Richtung Mitarbeiter, sondern auch Führung in Richtung des Vorgesetzten. Auch für diese Zusammenarbeit kann man die Führungsinstrumente ganz wunderbar und hilfreich nutzen. Aktiv Rückmeldung geben und einfordern, für die richtigen Rahmenbedingungen im Sinne des Teams zu sorgen, Entscheidungen zu hinterfragen und eigene Werte vertreten. Jemand, der nach oben alles abnickt und sich nicht traut, hier auch in seiner FührungsKRAFT aufzutreten, der wird nicht gut für sich und sein Team sorgen können.

Aber keine Bange, mit dem entsprechenden Training ist das alles möglich. Was es braucht, ist das innere Ja, hier noch mehr in die eigene (Führungs)Kraft zu kommen und den MUTmuskel zu trainieren.

. . . . . . . . . . . . . . . . . . . . . . . . . . . . . . . .

**Wer bin ich? Was mache ich?**
Petra Rötzheim, Bereichsleiterin und Qualitätsmanagementbeauftragte (QMB) bei der pronova BKK

**Meine mutige Tat:**
Immer wieder beruflich neue Aufgaben zu übernehmen.

**Meine größte Angst dabei:**
Dass Dritte meine schlotternden Knie bemerken. Bei einem Scheitern mich so zu blamieren, dass ich »nie wieder unter Leute gehen kann«.

**So konnte ich meine Angst überwinden:**
Lernen ist ein lebenslanger Prozess! Ich bin neugierig geblieben und finde Neues auszuprobieren spannend. Abstraktionsvermögen ist dabei hilfreich. Der Satz meiner Mutter: »Kind, du schaffst das schon!« begleitet mich durch mein Leben und ist ein familiärer Hafen der Sicherheit. Die Identifikation von Gleichgesinnten half mir meine Angst zu überwinden. Und last but not least die Erkenntnis, dass Heraus-

forderungen nie lange »schmoren« sollten. Nicht lange um den heißen Brei zu reden ist zwar nicht mehr »in«, hat mir jedoch geholfen.

**Hat es sich gelohnt?**

Ein klares JA!! Menschen zu begleiten ist eine tolle Aufgabe als Führungskraft.

**Mein Lieblingszitat:**

»Bange machen gilt nicht!«

...............................................................

# BeziehungsMUT

Vielleicht erinnerst du dich noch an das erste Date mit deinem Liebsten oder deiner Liebsten? Wir wollten einfach nur den besten Eindruck hinterlassen, großartige Gespräche führen und kluge Dinge sagen, um möglichst interessant zu sein. Wenn es dann weitergeht, wollen wir makellos schön und begehrenswert sein, wir wollen verführen und möglichst auch den besten und schönsten Sex miteinander teilen. Alles soll gut duften, toll aussehen, sich wunderbar anfühlen und nichts soll die Romantik, Sehnsucht und Zweisamkeit am Anfang stören. Und dann ist man irgendwann ein Paar und der Alltag zieht ein. Für mich geht es dann eigentlich erst so richtig los mit Wachstum, Partnerschaft und der Herausforderung sich MUTig zu zeigen. Denn das Bild vom Anfang, das völlig perfekte, können wir in einer Beziehung nicht lange aufrechterhalten. Die ersten Risse werden sichtbar, alte Verletzungen, Dramen und komische Angewohnheiten zeigen sich. Der erste Konflikt. Und so nach und nach zeigen wir, wer und wie wir wirklich sind. Und das ist gut so – aber es braucht auch eine entsprechende Haltung.

In einer reifen Beziehung braucht es den MUT

→ sich als Mensch zu zeigen, mit dem was gut und auch mit dem, was schwierig für uns ist.

→ dem anderen Freiraum zu geben und sich selbst den gewünschten Freiraum zu nehmen.

→ zu vertrauen und uns wirklich hinzugeben, damit wahre Intimität entstehen kann und wir mit- und aneinander wachsen und reifen können.

→ über die eigenen Bedürfnisse zu sprechen, zu diesen zu stehen und diese auch einzufordern, wenn nötig.

→ sich abzugrenzen und Nein zu sagen zu Dingen, die über die eigenen Grenzen gehen.

→ Unterschiedlichkeiten auszuhalten, damit jeder auch er selbst bleiben darf.

Wenn wir das nicht schaffen, dann werden wir zum Bedürfniserfüller des jeweils anderen und zeigen nicht, was uns wirklich wichtig und wertvoll ist. Das ist auf Dauer weder gesund noch gut für den Selbstwert und für ein freies und selbstbestimmtes Leben erst recht nicht.

Beim Thema Sexualität ist es ähnlich, denn auch, wenn wir als Gesellschaft immer freier mit dem Thema Sexualität umgehen, so heißt das noch lange nicht, dass wir als Individuen gut in unserer Beziehung darüber sprechen können und hier MUTig mit unseren Wünschen, Bedürfnissen und auch Grenzen umgehen.

Yvonne Peglow, ihres Zeichens Sexualcoach, weiß aus ihrer Praxis, dass viele Menschen große Angst davor haben, sich authentisch in der eigenen Sexualität zu zeigen. Entweder aus Angst abgelehnt zu werden oder aus Angst, den anderen emotional zu verletzen. Das kann den eigenen Körper betreffen oder auch kleine oder große Wünsche, die jemand hat. Auch das Aussprechen, was beim Sex gut oder auch nicht so gut gefällt, ist oft mit Angst oder auch Scham besetzt.

Die einzige Chance dies langfristig zu verändern, ist sich zu trauen, ein Gespräch darüber zu führen und sich vielleicht im ersten Schritt nur darüber auszutauschen, dass es genau diese Ängste gibt. Auch hier ist es möglich, in kleinen

Schritten und mit Übung die Themen anzusprechen, die wichtig sind. Am besten steigt man als Paar gemeinsam in das MUTmuskeltraining ein und sorgt so nach und nach dafür, dass die Partnerschaft reift und beide ein Stück MUTiger werden.

Es lohnt sich, denn MUTige und reife Partnerschaften halten auch mal Unterschiede aus. Sie geben sich Freiheit ohne Kontrolle. Sie haben den MUT sich wahrhaftig als Menschen zu zeigen und auch auszuhalten, dass der andere sich wahrhaftig zeigt, mit allem, was dazugehört. Und das sieht auf jeden Fall anders aus als in Hollywood, das kann ich schon mal versprechen.

In einer MUTigen Partnerschaft dürfen beide wachsen und sich verändern, ohne dass die Angst übermächtig wird, dass dies sofort zur Trennung führt. Wer in einer Partnerschaft immer wieder den MUT hat, über das zu reden, was gerade Sache ist, der füttert eben eher das Vertrauen und nicht die Angst.

Sich wirklich wahrhaft zu erkennen, auf der Ebene von Herz und Seele, fernab von Äußerlichkeiten, Status, Geld, Karriere oder Erfolg – das bedeutet für mich den MUT zu haben, auch wirklich zu lieben – ohne Garantie und Rückgabequittung, und das braucht wahrlich ein MUTiges Herz.

· · · · · · · · · · · · · · · · · · · · · · · · · · · · · · · · · · · · · · · · · · · · · · · · · · · · · · · · · · ·

**Wer bin ich? Was mache ich?**
Markus Brand, Dipl. Psychologe, Leiter »Institut für Persönlichkeit«
**Meine mutige Tat:**
Darüber habe ich lange nachgedacht, denn nachdem ich Dinge um-

gesetzt habe, kam ich mir gar nicht mehr so mutig vor. Doch eine Entscheidung bzw. Tat werte ich immer noch als mutig: Nach einer geschiedenen Ehe noch mal eine feste und monogame Beziehung einzugehen. Mich wieder auf eine Bindung einzulassen, aber auch gleichzeitig zu trauen, es nicht im

»normalen« Familienkonzept zu tun. Ich wollte nicht das alte Modell leben und »einfach« nur die Partnerin austauschen. Mit meiner neuen Frau haben wir uns nun getraut, ein für uns neues Modell zu finden. So lebe ich aktuell die Hälfte der Woche in einer Männer-WG und an einigen Tagen mit meiner Frau und den 4 Kindern (eine eigene Tochter (12) sowie 3 dazugewonnene Söhne zwischen 10 und 18).

**Meine größte Angst:**

Eine Angst besteht dahingehend, dass auch diese Beziehung scheitern könnte. Es würden wieder beide Seiten verletzt werden. Und erneut würde ich meiner Tochter ein geliebtes Umfeld (das neue, zweite Zuhause mit 3 Bonus-Brüdern) nehmen. Die Entscheidung treffen ja doch wir Erwachsenen, die Konsequenzen hingegen müssen auch die Kinder mittragen.

**So konnte ich diese Angst überwinden:**

Ich habe mir erlaubt, nach der ersten Ehe einiges auszuprobieren. Und bin zu der Entscheidung gekommen, dass es für mich eine andere Form als die klassische des familiären Zusammenlebens geben könnte – eben eine für mich passendere. Letztendlich habe ich mich endlich getraut meine Lebensmotive (siehe Reiss Motivation Profile: www.rmp-germany.com) wirklich anzunehmen und zu leben.

**Hat es sich gelohnt?**

Seit 8 Jahren leben wir so und es funktioniert gut für uns. Wir sind ein Paar, eine Familie, wir leben tiefe Verbundenheit und Freiheit zugleich. Wir sind freiwillig zusammen und nicht, weil es das System oder die Form erwartet.

**Mein Lieblingszitat zum MUT:**

Ich habe direkt zwei:

Erkenne, liebe und lebe deine Motive, das, was dich wirklich glücklich macht!

Ich bleibe optimistisch und offen für das, was kommt!

...........................................................

# KörperMUT

Über den MUT, den eigenen Körper anzunehmen und in dieser Welt, in der Äußerlichkeiten eine so große Rolle spielen, so zu lieben, wie er ist, darüber könnte ich sicher ein eigenes Buch schreiben.

Mich mit meiner Körperfülle und meinem sichtbaren Fehlverhalten in Sachen Ernährung anzunehmen, dazu fehlt mir auch heute manchmal noch der MUT. Ich kann zwar mittlerweile gut alleine eine Currywurst essen gehen, aber wirklich ja zu mir zu sagen, auch bei meinem aktuellen Gewicht, das gelingt mir nicht immer gut. Und dann frage ich mich, ob ich das eigentlich so einfach hier zugeben darf? Ich bin doch Coach und Trainerin und schreibe über den MUT, ich muss das doch im Griff haben. Hab ich aber nicht. Aber ich werde jeden Tag besser mit mir und ich höre nicht auf zu trainieren.

Mittlerweile weiß ich, dass es bei mir mit dem Körpergewicht zusammenhängt, ob ich wirklich ja zu mir sagen kann und den MUT habe, zu mir zu stehen. Zeigt die Waage mal wieder mehr Kilos an, verliere ich schon mal dieses Gefühl, nehme ich gerade wieder ab, bin ich fein mit mir.

Mich begleitet in diesen unsicheren Phasen noch oft die Angst, dass die Menschen mich abwerten für mein Übergewicht oder ich habe die Phantasie, dass ich schlanker noch erfolgreicher und besser gebucht wäre.

Ich bin mir sicher, es geht ganz vielen von euch auch so. Ob nun zu dick oder zu dünn, zu groß oder zu klein, die falsche Nase, das Kinn zu flach, der Po zu rund, die Brüste zu klein und bei den Männern vielleicht die Waden zu dünn, die Schultern nicht breit genug oder der Körper insgesamt nicht muskulös genug: Wir alle brauchen eine ordentliche Portion MUT und Eigenliebe, um die ganz spezielle und individuelle Form und Ausführung, in der wir zur Welt gekommen sind, anzunehmen, zu lieben und respektvoll zu behandeln.

Wenn Ängste und Glaubenssätze in diesem Bereich sehr stark sind, dann kann uns das ganz schön reinfunken, in alle anderen Bereiche.

Wenn wir uns selbst nicht liebevoll annehmen, dann kann es schwierig werden bei der Partnerwahl oder Partnerschaft und vor allem im Ausleben der eigenen Sexualität. Unser Körper ist ja nun mal das Mittel der Wahl, mit dem wir uns erfahren, uns zeigen und eben auch Sexualität erleben.

Wenn wir unsicher mit uns und unserem Aussehen sind, wollen wir lieber nicht auffallen, sondern in der Masse untergehen, also trauen wir uns nicht, unser Ding in der Welt zu machen, denn damit könnten wir ja sichtbar werden.

Manchmal liegt es auch nicht am fehlenden KörperMUT, ob wir uns annehmen und wirklich Ja zu uns sagen können. Dann finden wir vielleicht Eigenschaften und Eigenheiten an uns nicht richtig oder wir denken, uns fehlen noch wichtige Fähigkeiten und Stärken, damit wir uns wirklich gut und wertvoll fühlen können. Manch einer findet sich nicht klug genug, nicht belesen oder weltgewandt genug. Wir sind meist bestens darin trainiert, genau darauf zu schauen, was vermeintlich noch nicht richtig bei uns ist, was uns klein macht und uns wertlos fühlen lässt.

Das ist fatal, denn die Energie folgt natürlich immer der

Aufmerksamkeit. Gebe ich also viel Aufmerksamkeit auf das, was mich zweifeln lässt, mich kleinmacht und schwächt, dann liegt genau dieser Bereich im Fokus und wird mir größer erscheinen. Und natürlich füttere ich damit unbewusst genau diesen Mangel und schaue auch mit dieser Brille in meine Welt. Ich bin mir sicher, wir landen dann auch öfter in Situationen, in denen wir uns entweder genauso fühlen oder sogar so wirken. Dann erscheint uns das Defizit immer größer und manifester und irgendwann wird es fast unmöglich, daran noch mal etwas zu verändern. Zumindest fühlt es sich so an.

Ich möchte dich einladen, wieder einen anderen Blick zu trainieren: Richte deinen Blick auf das, was DU gut machst, was so richtig schön an dir ist und du gut findest. Spüre mal wieder, wie es sich anfühlt zu rennen und sich zu bewegen und die Kraft deines Körpers wahrzunehmen, anstatt von außen zu schauen, wie du dabei aussiehst. Schau wieder mehr auf das, was dich ausmacht, liebenswert ist und dich strahlen lässt.

Denn wenn du dich so lieben und annehmen lernst, wie du nun mal eben bist,

→ dann ist das, was du denkst und fühlst, wichtig für dich und ein guter Maßstab für dein Handeln und eben nicht das, was die anderen vielleicht über dich denken könnten.

→ dann sind dir deine Grenzen wertvoll und du wirst dich gegenüber anderen abgrenzen können, wenn diese über deine Grenzen latschen.

→ dann bist du es dir wert, dein Leben nach deinen Wünschen und Bedürfnissen zu gestalten.

→ dann wirst du dich zu deiner vollen Größe aufrichten und auch deine Potentiale sehen und ausschöpfen können.

→ dann glaubst du daran, dass du genau dein Ding in dieser Welt machen kannst und es verdient hast, Großes zu träumen, zu wagen und am Ende auch zu erreichen.

→ dann erkennst du endlich, wie wunderbar und liebenswert du bist.

Mit diesem Blick auf dich wird es dir leichter fallen, wirklich für dich zu gehen und dir das Leben zu gönnen, das du verdient hast.

· · · · · · · · · · · · · · · · · · · · · · · · · · · · · · · · · · · · · · · · · · · · · · · · · · · · ·

**Wer bin ich? Was mache ich?**
Kristina Reichert
Kreatives Köpfchen, im Marketing tätig, Gründerin der
#alopeciagesichter
**Meine mutige Tat:**
Mich so zu zeigen, wie ich bin.
**Meine größte Angst:**
Ich wollte immer allen gefallen und hatte Angst, was andere über mich denken, wenn ich meine Perücken zu Hause lasse und mich mit Glatze in der Öffentlichkeit zeige.
**So konnte ich diese Angst überwinden:**
Ich habe auf Instagram viele tolle Frauen mit Alopecia Areata entdeckt, die zu ihrer Glatze stehen. Das hat mir imponiert und mich nach einiger Zeit inspiriert, frei nach dem Motto: »Was die können, kann ich auch!« Meine Familie und Freunde haben mich immer bei allem

unterstützt und mich so geliebt, wie ich bin. Mit oder ohne Haare. Das hat mir die Kraft gegeben, diesen Schritt zu wagen.

**Hat es sich gelohnt?**

Absolut. Es war die beste Entscheidung meines Lebens. Endlich kann ich einfach ich sein, ohne das Gefühl zu haben, mich verstecken zu müssen.

**Mein Lieblingszitat zum MUT:**

» … those who matter don't mind.« Dr. Seuss

# AlltagsMUT

Ich bin ein großer Fan vom AlltagsMUT, weil ich glaube, dass dies genau der MUT ist, den wir brauchen, um wirklich selbstbestimmt zu leben. Für mich beschreibt AlltagsMUT die vielen kleinen Dinge, die wir jeden Tag tun können, um ein bisschen näher an uns und unsere Bedürfnisse ranzurücken und immer MUTiger unser Ding zu machen.

Hier steckt in vielen kleinen Möglichkeiten großes Potential, immer wieder zu wachsen, zu üben, besser zu werden, etwas zu lernen, Neues zu erleben und am Ende ganz MUTig den eigenen Weg zu gehen.

Du brauchst kein Held zu sein, um MUT zu beweisen, sondern du brauchst jeden Tag den alltäglichen MUT, um

→ die Beziehung zu führen, die dich nährt und erfüllt.
→ dich zu öffnen und dich als Mensch zu zeigen.
→ dich abzugrenzen, wenn es nötig ist.
→ für dich und deine Werte einzustehen.
→ den Job zu machen, der dich glücklich macht.
→ zu dir selbst zu stehen und dein Ding zu machen.

Später wirst du dich noch genauer mit deinen Themen und Lebensbereichen beschäftigen, in denen du ganz konkret MUTiger werden möchtest. Wenn du aber jetzt schon starten willst, deinen AlltagsMUT ein wenig zu trainieren, gibt es hier ein paar gute Impulse dafür.

17 Impulse für mehr AlltagsMUT – zum Loslegen, Warmwerden, Dehnen und erste Probeläufe Machen – und vielleicht schon kleine Erfolge Feiern. Und bitte denke immer

daran, beim MUTmuskeltraining geht es nicht unbedingt darum, dass das Ergebnis passt, sondern darum, dass du es gemacht hast. Das ist der Erfolg, den du feiern solltest und der dazu führt, dass dein MUTmuskel stärker wird und du das Leben führen kannst, das du führen möchtest.

Und wie kannst du das jetzt machen? Ganz einfach:

### Erste Trainingsvariante:
### Die Challenge

Du greifst dir einen Punkt aus der nachfolgenden Liste der MUTimpulse raus und wiederholst diesen einfach 7, 14 oder 21 Tage hintereinander. Zum Beispiel: Sprich jeden Tag eine fremde Person an und mach ihr ein Kompliment!

Achtung, das Training macht natürlich nur Sinn, wenn diese Aktion außerhalb deiner Komfortzone liegt. Das merkst du daran, dass dir bei der Vorstellung, dies nun zu tun, ein bisschen unbehaglich wird und du ein paar Anläufe brauchst, um die Aktion durchzuführen. Woran du auch ganz wunderbar merkst, dass etwas außerhalb deiner Komfortzone liegt? Wenn dir gute und viele Ausreden und Einwände einfallen, warum es gerade nicht geht, keine Zeit dafür war oder einfach niemand, dem du begegnet bist, ein Kompliment verdient hat.

Also, mach einfach deine ganz persönliche Challenge daraus. Entweder du legst vorher einen Zeitraum fest oder du wiederholst den Impuls so lange, bis er nicht mehr außerhalb deiner Komfortzone liegt. Wenn es auf einmal leicht wird, dann ist dein MUTmuskel wieder ein Stück gewachsen. Dann schnapp dir direkt den nächsten Impuls und trainiere fleißig weiter.

## Zweite Trainingsvariante:
### Jeden Tag einen neuen Impuls nutzen

Du suchst dir jeden Tag einen Impuls aus der Liste raus und setzt diesen in die Tat um. Hilfreich ist auch, sich am Ende des Tages für die Umsetzung zu feiern und damit das Training zu verankern, egal ob es gute oder schlechte Reaktionen auf deine Tat gab.

Wenn du also jemandem ein Kompliment gemacht hast und dieser hat es nicht angenommen, komisch reagiert oder gar nicht, dann feiere dich trotzdem für deine Handlung. Viele Menschen können nicht gut mit Komplimenten umgehen, erst recht nicht von einem fremden Menschen. Die Reaktion hat also wenig mit dir zu tun und viel mit deinem Gegenüber. Gleichzeitig trainierst du damit deine Fehlerkultur. Du erinnerst dich? Scheitern erlaubt! Nicht das erfolgreiche Ergebnis zählt beim MUTmuskeltraining, sondern immer die Handlung, der Versuch, das Losgehen.

## Dritte Trainingsvariante:
### Nach Lust und Laune

Immer wenn du Lust hast, schnappst du dir einen Impuls aus der Liste und setzt ihn um. Bääm!

Und hier kommt deine Auswahl an MUTimpulsen:

1. Sprich eine fremde Person an und mach ihr ein Kompliment.
2. Lächle alle Menschen an, die dir heute begegnen.
3. Biete einem dir fremden Menschen deine Hilfe an (eine Tasche tragen, ein Taschentuch anbieten, über die Straße helfen).

4. Bitte einen dir fremden Menschen, dir bei etwas zu helfen.

5. Frage jemanden nach 2,80 Euro für ein Bahnticket (Kölner City Tarif 2018 – bitte entsprechend anpassen).

6. Sprich jemanden an und frag nach dem Weg.

7. Kaufe eine Blume und verschenk sie an jemanden, den du noch nicht kennst.

8. Gehe alleine ins Kino/Theater/Musical/einen Club.

9. Gehe alleine essen, ohne Buch.

10. Geh zum Samba-Kurs, auch wenn du noch keinen Tanzpartner/Tanzpartnerin hast.

11. Stelle dich in die Fußgängerzone und biete »free Hugs« an.

12. Buche ein Seminar zu einem Thema, das dich herausfordert, und nimm auch daran teil.

13. Stell dich nackt vor den Spiegel, schau dir in die Augen und sage dreimal laut und deutlich: Ich liebe dich!

14. Kaufe dir neue Schuhe/ein neues Kleid und verhandle an der Kasse einen besseren Preis. Lass nicht locker, bevor du nicht einen Rabatt oder ein Geschenk (Schnürsenkel/Kleiderbügel) bekommen hast.

15. Sage heute mal bewusst NEIN, wenn du auf etwas keine Lust hast, und bleib dabei.

16. Sage heute mal bewusst JA, zu etwas, was dir noch Angst macht, und setze es schnellstmöglich um.

17. Geh auf eine Party oder Veranstaltung und sprich möglichst viele Menschen an, die du noch nicht kennst.

### Vierte Trainingsvariante:
### Erstelle deine eigene Liste

Du kennst deine Komfortzone am besten. Schreibe dir 10 bis 15 Tätigkeiten bzw. Situationen auf, die außerhalb deiner Komfortzone liegen und trainiere damit stetig deinen MUT-muskel. Es sind die kleinen Schritte, die uns vorbereiten für die ganz großen Sprünge. Du wirst überrascht sein, wie schnell dein MUTmuskel kräftiger wird und wie du immer selbstbestimmter deinen Weg gehen kannst.

Egal, welche Variante du wählst: Viel Freude beim Los-legen und erste Erfolge feiern. Und bitte das Feiern nicht vergessen! Feiern ist ein wichtiger Teil des MUTmuskeltrai-nings, damit sich die neuen Handlungen besser einprägen und verankern. Dann wird es nach und nach immer ein-facher, auch in unsicheren Situationen MUTiges Handeln abzurufen.

Feiern ist also nicht optional, sondern gehört genauso zum Training dazu wie das Training selbst!

• • • • • • • • • • • • • • • • • • • • • • • • • • • • • • • • • • • • • • • • • • • • • • • • • •

**Wer bin ich? Was mache ich?**
Sabine Heinrich, Journalistin, Moderatorin, Buchautorin
**Meine mutige Tat:**
Alleine Silvester verbringen.
**Meine größte Angst:**
Dass ich einsam sein werde und das neue Jahr heulend beginne.
**So konnte ich diese Angst überwinden:**
Es einfach machen. Ich war nicht in der Stimmung die Korken knallen zu lassen, also habe ich es gelassen. Mir ein Butterbrot gemacht und

einen mittelguten Film geguckt. Um kurz nach Mitternacht habe ich mir ein »Frohes neues Jahr« gewünscht und bin ins Bett gegangen.

**Hat es sich gelohnt?**

Ja! Seither begegne ich dem Alleinsein entspannt und mit offenen Armen. Ich kann mit mir allein Silvester feiern, da kann ich auch alles andere mit mir.

**Mein Lieblingszitat zum MUT:**

Um herauszufinden ob es eine doofe Idee ist, muss man sie erstmal umsetzen. Beachte immer deine eigene Entscheidungsbilanz: Wie oft hast du wirklich richtig danebengelegen?

· · · · · · · · · · · · · · · · · · · · · · · · · · · · · · · ·

# HeldenMUT

HeldenMUT könnte man auch mit Zivilcourage oder besonders MUTigen Taten übersetzen. Im Gegensatz zum AlltagsMUT braucht man den HeldenMUT nicht jeden Tag. Aber manchmal fordert uns das Leben heraus und dann braucht es diesen ganz besonderen MUT. Bei Unfällen, wenn andere Menschen in Not sind, in einer Krisensituation, wenn es wirklich eng wird, dann ist auch schon mal der Held oder die Heldin in uns gefragt.

Ich habe zum Glück noch nicht so viele Situationen in meinem Leben erlebt, in denen ich auf meinen HeldenMUT angewiesen war, aber zweimal wurde ich gefordert, in einer Situation Stellung zu beziehen und Haltung zu zeigen, die sich für mich nach HeldenMUT angefühlt haben.

Die erste große Herausforderung stellte das Leben mir direkt mit Anfang 20 in meinem allerersten richtigen Job als technische Einkäuferin für ein Telekommunikationsunternehmen. Die Herausforderung kam in der Gestalt meines Vorgesetzten – ein ehemaliger Bundeswehroffizier –, der nie den richtigen Umgang mit Kolleginnen und Mitarbeiterinnen im Büro gefunden hat. Jeden Morgen gab es eine Begrüßung per Handschlag, bei der er die Tendenz hatte, einem einen Ticken zu nah zu kommen. Mit einer Akte gab es schon mal einen angedeuteten Klaps auf das jeweilige Hinterteil und wenn man ein Top trug, richtete er einem die Träger. Klar hat er vorher gefragt – so gehört es sich wohl beim Bund: »Darf ich Sie mal kurz anfassen?«, eine Antwort aber nicht abgewartet. Nach ein paar solchen Begegnungen mit ihm habe ich mich damals entschlossen, das Thema direkt und offen anzusprechen. Selbstverständlich war mir schlecht vor Aufregung, als ich sein Büro für dieses Gespräch betrat. Natürlich hatte ich Angst um meinen Job. Und natürlich wusste ich nicht, welche Konsequenz das alles für mich haben könnte. Aber ich habe zu sehr gelitten unter der Situation. Ich wollte ihm nicht jeden Morgen die Hand geben oder auf der Hut sein müssen, wenn ich ihm begegne. Ich war noch sehr jung, aber schon damals hat mein innerer Kompass mir sehr klar gemeldet, dass sein Verhalten mir und auch den anderen Frauen gegenüber nicht in Ordnung ist und erst recht nicht in seiner Position als Vorgesetzter.

Ich habe es irgendwie geschafft, dieses Gespräch zu führen, das verwundert mich manchmal heute noch. In einem möglichst ruhigen Ton habe ich die verschiedenen Situationen aufgezählt und erklärt, dass sein Verhalten unangenehm für mich ist, und ihn gebeten, das zukünftig zu unterlassen. Er war erst überrascht, dann empört und hat sich dann sofort eine Zeugin – seine damalige Sekretärin – dazugeholt. Das waren damals die aufregendsten und schwersten 30 Minuten, die ich bis dahin in meinem Berufsleben erlebt hatte. Am Ende des Gesprächs hat er sich beruhigt und sich bei mir entschuldigt, Besserung versprochen, und was soll ich sagen, ich habe meinen Job behalten, obwohl dieser Vorfall in meiner Probezeit stattfand. Mein Vorgesetzter hat mich höflich, aber distanziert behandelt und auch an meinen Geburtstagen nur aus der Ferne und ohne Handschlag gratuliert. Erst viele Jahre später habe ich verstanden, dass er diese Art von Gespräch sicherlich nicht zum ersten Mal geführt hat, wenn er sich direkt einen Zeugen dazuholt. Und auch erst später ist mir klar geworden, dass ein solches Verhalten auf so vielen Ebenen nicht in Ordnung war, dass ich heute nicht nur für mich meine Stimme erheben würde und ein solches Verhalten viel öffentlicher ansprechen würde.

Zehn Jahre später – mit mehr Berufs- und Lebenserfahrung im Gepäck, durfte ich meinen HeldenMUT noch einmal einsetzen. Ich hatte gerade neu als strategische Einkäuferin in einem Unternehmen angefangen, als mir klar wurde, dass das Verhalten meines Vorgesetzten und seines Stellvertreters alles andere als in Ordnung war. Hier ging es mehr in Richtung Mobbing, Verleugnung und Diskriminierung von Mitarbeitern und Mitarbeiterinnen, und das reihum. Immer mal wieder traf ich weinende Kolleginnen auf der Toilette, die den Druck und die Erniedrigungen nicht mehr aushalten konnten.

Diesmal habe ich kein Gespräch mehr unter vier Augen geführt. Als mir klar wurde, die machen das hier schon seit vielen Jahren so, habe ich Anzeige erstattet. Das hat dazu geführt, dass diese beiden Kollegen innerhalb von wenigen Tagen fristlos entlassen wurden, Hausverbot erhalten haben und auch vor dem Arbeitsgericht gescheitert sind. Zu groß war die Beweislast über ihr Verhalten, da die Inhalte aus meiner Anzeige von den noch in der Abteilung arbeitenden Kollegen voll und ganz bestätigt wurden. Auch das hat mich sehr viel MUT gekostet und ich hatte danach noch einige Zeit Angst, dass diese beiden Gestalten mich mal vor meiner Haustür oder beim Waldlauf abfangen würden. Das ist nie passiert und ich bin noch heute froh und dankbar über diesen HeldenMUT, denn danach war ich noch lange für dieses Unternehmen tätig und habe sicherlich nicht nur mir, sondern auch einigen Kollegen einen langen Leidensweg erspart.

HeldenMUT brauchen wir vor allem, wenn wir nicht nur für uns einstehen, sondern auch für andere eintreten möchten. Dieser MUT ist gefragt, wenn es Risiken gibt, die wir nicht einschätzen können, aber in Kauf nehmen. Wenn wir nicht anders können, als zu handeln. Alle Eltern dieser Welt haben diesen HeldenMUT in sich, wenn es um das Wohl ihrer Kinder geht, vor allem wenn diese noch sehr klein sind. Dann liest man, dass Mütter oder Väter unglaubliche Kräfte entwickeln, um ihre Kinder zu retten. Oder wenn Menschen für andere eintreten, um Gewalttaten zu verhindern und sogar in Kauf nehmen, selbst dabei verletzt zu werden. Ein starker MUTmuskel hilft sicherlich auch, wenn wir mal auf den HeldenMUT zurückgreifen müssen.

In meinem Fall hat sich der HeldenMUT beide Male gelohnt und ausgezahlt – und ich habe damit eine positive Erfahrung gemacht. Wie wäre es wohl gewesen, wenn ich in einem der Fälle oder sogar in beiden meinen Job verloren hätte oder andere unangenehme Konsequenzen auf mich gewartet hätten? Ich vermute, ich würde es trotzdem genauso wieder machen, vielleicht sogar noch schneller und lauter. Weil es eine innere Klarheit und einen plausiblen Grund dafür gab und ich einfach losrennen musste. Das kenne ich gut von mir, dass es Situationen gibt, wo Angst für mich keine Rolle spielt, obwohl sie da ist, während ich mich bei den kleinen alltäglichen Dingen des Lebens wie Blutabnahme und einen dicken Hintern haben immer noch oft in die Angst- und Unsicherheitsecke begebe.

Und das führt mich und dich vielleicht auch zu dem

Schluss, dass es keine allgemeinen Lösungen gibt, sondern nur den zutiefst eigenen Weg, mit den ganz individuellen Herausforderungen und dem sehr persönlichen MUTmuskeltraining. Und dass von außen nicht sichtbar ist, was uns von innen antreibt, MUTig oder ängstlich werden lässt – aber dass wir jederzeit zu Heldinnen und Helden werden können.

..........................................................

**Wer bin ich? Was mache ich?**
Ich bin Terry Reintke aus Gelsenkirchen und sitze für die Grünen im Europaparlament.
**Meine mutige Tat:**
Ich habe eine Rede über eine Erfahrung mit sexueller Belästigung gehalten. Im Plenum des Europaparlaments.
https://www.facebook.com/terry.reintke/videos/1503004013113621/
**Meine größte Angst:**
Als Politikerin bin ich sehr häufig Hass und Hetze ausgesetzt. Ich bekomme E-Mails, Nachrichten, Kommentare, in denen ich beleidigt und bedroht werde – vor allem von Männern. Das passiert in erster Linie, wenn ich mich zu feministischen Inhalten äußere – oder mich in Flüchtlingsdebatten einmische. Deshalb war meine größte Angst, dass ich mich mit der Rede angreifbar mache. Dass die Hassnachrichten schlimmer werden, weil ich etwas von mir preisgebe. Dass meine Glaubwürdigkeit in Frage gestellt wird. Oder dass mir – was sehr häufig passiert – ähnliche oder schlimmere Formen sexualisierter Gewalt gewünscht werden.
**So konnte ich diese Angst überwinden:**
Ich habe an die vielen starken und inspirierenden Frauen gedacht, die

seit Jahrhunderten für Gleichberechtigung und Emanzipation kämpfen. Die nicht klein beigegeben haben, auch wenn sich ihnen – teilweise sehr mächtige – Gegner in den Weg gestellt haben. Sie haben dafür gekämpft, dass ich heute in einem Parlament sitzen und freie Entscheidungen über meinen Beruf, meine Partner*innen, mein Leben treffen kann. Den Mut war ich ihnen schuldig.

**Hat es sich gelohnt?**

Definitiv.

**Mein Lieblingszitat zum MUT:**

Du kannst über dich hinauswachsen.

# Den LebensMUT in Krisen nicht verlieren

Ich selbst habe schon einige Krisen in meinem Leben überstanden – mein Haarausfall und alles, was damit zusammenhing, war sicherlich meine größte Krise und auch die, die mich am nachhaltigsten verändert hat. Durch meine Arbeit mit Menschen, aber auch im meinem privaten und familiären Umfeld, erlebe ich immer wieder, dass Menschen in Krisen geraten. Diese kommen in unterschiedlichen Formen und Ausmaßen daher und können körperlicher, psychischer oder spiritueller Natur sein; manchmal betrifft es auch alle Ebenen gleichzeitig. Dieses Kapitel ist für all jene, die genau das gerade erleben und herausgefordert sind von Krankheit, Trennung, Verlust, Depression oder anderen Lebenskrisen. Hier braucht es im ersten Schritt vielleicht kein besonderes MUTmuskeltraining, keine zusätzliche Herausforderung, denn meist ist das Überleben und den Tag gut zu überstehen schon das Maximale, das geht. Ich erinnere mich noch zu gut daran, auch wenn es in meiner Erkrankung nie um Leben und Tod ging, wie mich am Anfang jeder Tag neu herausgefordert hat.

Wenn du gerade genau in einer solchen Krise steckst, dann solltest du vor allem deine Selbstliebe stärken. Dazu kannst du das Kapitel über die Selbstliebe lesen und die Übungen daraus machen. Oder lade dir eine der Meditationen dazu runter und schau, ob diese dir hilft, in Kontakt und Liebe mit dir zu sein. Den Link dazu findest du im Anhang.

Denn was passiert in solchen Krisen oder Erkrankungen oft? Wir fragen uns, warum genau uns das gerade passiert: Wieso ich? Warum genau das? Was habe ich falsch gemacht?

Und unser Gehirn arbeitet sehr präzise und wird nach genau diesen Antworten suchen. Es wird uns berichten, was wir falsch gemacht haben, was wir hätten anders machen sollen und warum wir in dieser Situation sind. Mit diesen Grübelschleifen kann man sich gut, lange und tiefgehend beschäftigen, die Frage ist immer: Wie hilfreich ist das für dich? Gibt es dir neue Erkenntnisse, die dich weiterbringen? Oder grübelst du dich damit noch tiefer in deine Krise hinein?

Ich halte viel davon, sich selbst regelmäßig zu reflektieren und immer wieder auch den eigenen Standort zu bestimmen, gerade wenn du zum Beispiel in einer Sinnkrise steckst und dir und deinem Leben eine neue Ausrichtung geben willst. Wovon ich nichts halte, ist diese Reflexion im Kopf ohne ein Blatt Papier, einen guten Zuhörer und Fragesteller oder ohne professionelle Unterstützung zu machen. Denn dann bleibt es beim Grübeln und womöglich bei einer ständigen Wiederholung von negativen und in die Vergangenheit gerichteten Fragen, die zwangsläufig auch zu negativen und wenig zukunftsweisenden Antworten führen.

Ich bin da ganz bei Tony Robbins (weltweit bekannter Coach aus den USA), der sagt: »Die Fragen in deinem Leben bestimmen die Qualität in deinem Leben!«

Vielleicht kannst du anfangen dir neue Fragen zu stellen: Wie kann es jetzt besser gehen? Wie kann es leichter werden? Was kann ich mir heute Gutes tun? Was wäre ein erster guter Schritt für mich, um meine Zukunft zu gestalten?

Fragen können den Blickwinkel wieder in eine andere Richtung leiten, Ressourcen und Lösungen einladen, statt den schwierigen Zustand noch mal von allen Seiten zu betrachten und zu manifestieren.

Und damit meine ich nicht, den Schmerz, die Trauer und das, was gerade ist und angeschaut werden möchte, zu verdrängen, sondern neben dem eben auch das Freudige, Leichte und zukünftig Mögliche miteinzubeziehen.

Die sogenannten »Fragen der Kraft« helfen dir dabei. Einfach in Ruhe hinsetzen, jede Frage mehrmals stellen und neugierig sein, welche Antworten du erhältst.

★ Was macht dich glücklich?
★ Worauf bist du stolz?
★ Was begeistert dich? Wofür brennt dein inneres Feuer?
★ Was genießt du?
★ Wofür bist du dankbar?
★ Wen oder was liebst du?

Die Fragen kann man jederzeit nutzen und sie eignen sich für eine gute Morgen- oder Abendroutine. Und es ist vollkommen in Ordnung, wenn die Antworten immer anders ausfallen. Es geht hauptsächlich darum, wieder eine positive Ausrichtung zu stärken, und nicht darum, die eine »richtige« Antwort zu finden.

Eine meiner treuen Wegbegleiterinnen, die Schamanin Doris Rodlauer, hat mir einmal den folgenden wunderbaren Satz dazu geschenkt: »Wenn in deinem Wohnzimmer die Pflanze des Schmerzes und der Trauer steht, dann stell die Pflanze der Liebe und der Freude direkt daneben.«

Alle Menschen, die es schaffen, in Krisen positiv und optimistisch ihren Weg zu gehen, und den MUT und das Vertrauen auf ein besseres Morgen nicht verlieren, haben unsere volle Hochachtung verdient. Denn auch hier gilt, wir können von außen nicht sehen, wie groß der Schmerz und die Herausforderung für jeden Einzelnen in diesem Leben sind.

• • • • • • • • • • • • • • • • • • • • • • • • • • • • • • • • • • • • • • • • • • • • • • • • • • • • • • •

**Wer bin ich? Was mache ich?**
Peter Höffner, unabhängiger Finanzmakler und systemischer Berater. Seit einiger Zeit bin ich krankgeschrieben und arbeite nicht.
**Meine mutige Tat:**
In einer Welt, in der scheinbar ALLES möglich ist und jeder scheinbar ALLES erreichen kann, wenn er sich nur genug anstrengt, finde ich dies ALLES echt schwer.
Ich habe seit vielen Jahren starke Migräne und viele Schmerztage im Monat, dazu kommt eine starke Depression. Beides bedingt sich immer wieder gegenseitig. Im Jahr 2016 habe ich mich dann getraut, mich krankschreiben zu lassen, bin in eine psychosomatische Klinik gegangen und habe versucht meine Themen aufzuarbeiten, in der Hoffnung, irgendwann schmerzfreier, leichter und fröhlicher mein Leben gestalten zu können.
**Meine größte Angst:**
Meine größte Angst ist, dass es einfach so bleibt und ich nicht mehr in meinen Arbeitsalltag zurückkann. Im Leben wirksam zu sein, war mir immer wichtig.
**So konnte ich diese Angst überwinden:**
Ich habe diese Angst noch nicht überwunden, sie begleitet mich weiterhin. Ich finde es trotzdem richtig, diese Schritte gegangen zu

sein. Und ich verliere nicht die Hoffnung, dass es eines Tages nachhaltig besser wird oder ich einen anderen Umgang damit finde.

**Hat es sich gelohnt?**

Ich glaube, es war der richtige Schritt für mich. Da wir allerdings nie wissen, ob und wie sich das Leben durch eine andere Entscheidung entwickelt hätte, stelle ich mir diese Frage nicht. Und da Zukunft ungewiss ist, wissen wir sowieso nie, wohin uns eine Entscheidung führt. Da hilft nur Vertrauen und mit der Energie, die da ist, weiterzumachen.

**Mein Lieblingszitat zum MUT:**

Frei nach Maya Angelou: »Du kannst nicht entscheiden, was dir im Leben passiert, aber beeinflussen, was du daraus machst.«

• • • • • • • • • • • • • • • • • • • • • • • •

# JETZT
# DU!

## DIE KAPITELVORSCHAU – KURZ UND KNACKIG

Bevor du losläufst, ist eine Standortbestimmung sinnvoll. Du schaust dir in diesem Kapitel alle wichtigen Lebensbereiche an und kannst so ganz genau feststellen, wo du selbstbestimmt und MUTig unterwegs bist und wo es noch Luft nach oben gibt. Du lernst dich dabei nicht nur besser kennen, du kannst auch am Ende des Weges deine Entwicklung besser einschätzen, wenn du weißt, wo du gestartet bist. Außerdem wirst du deine neue MUTige Wegbegleiterin kennenlernen. Also, los geht's und viel Spaß auf dieser Entdeckungsreise!

# Darf ich vorstellen?
# Deine neue Wegbegleiterin

Und bevor es jetzt so richtig losgeht mit dem MUTigerwerden, möchte ich dir noch jemanden vorstellen: das kleine Fräulein MUT! Neben mir ist sie ebenfalls deine Wegbegleiterin durch dieses Buch und wenn du magst, auch in deinem Trainingsalltag.

Geboren wurde das Fräulein MUT an einer Supermarktkasse. Ja, du hast richtig gelesen, im Supermarkt. Ich habe dort noch schnell die Verpflegung für eines meiner ersten Seminare gekauft: Kaffee, Milch und natürlich Schokokekse. An der Kasse traf ich auf eine angemeldete Seminarteilnehmerin, die liebe Gerlind, der ich bis heute für diesen Impuls sehr dankbar bin. Schwungvoll begrüßt sie mich: »Na, Fräulein MUT, schon aufgeregt, gleich geht's ja los mit deinem ersten Club.«

Das war die Geburtsstunde des kleinen Fräulein MUT, na ja, also der Idee. Die professionelle Umsetzung erfolgte erst später. Aber der Gedanke hat mich einfach nicht mehr losgelassen: wie viel MUT kleine Menschen so oft haben, wie wenig das Konzept des Scheiterns uns in jungen Jahren begleitet. Wir überlegen uns als Kinder noch nicht die Konsequenzen unserer Abenteuer. Wir träumen davon, wie großartig das Baumhaus werden kann und denken nicht darüber nach, ob uns beim Aufstieg schwindelig wird. In den ersten Lebensjahren lernen wir schnell und viel, jeden Tag. Wir zeigen freudig unsere Fortschritte und lassen uns vom Hinfallen und Scheitern nie den MUT nehmen. Oder hast du schon mal erlebt, dass ein kleines Kind nach dreimal Hinfallen sagt:»Also, ich hab´s versucht, aber Laufen scheint nichts für mich zu sein. Ich lasse das mal lieber ganz!« Nein, das Kind findet es ganz normal, dass Laufenlernen ohne Hinfallen nicht funktioniert.

Genau das verkörpert das kleine Fräulein MUT für mich. Sie hält durch und bleibt dran, ohne den Humor zu verlieren. Sie hat große Abenteuer- und Lebenslust. In ihr sehe ich meine MUTigen Anteile und auch deine. Die Lust, jeden Tag etwas Neues auszuprobieren, hinzufallen und mit Freude wieder aufzustehen. Loszulaufen und neugierig zu schauen, wo es uns hinbringen wird. Sie lädt ein zum Ausprobieren, ohne zu wissen, ob es beim ersten Mal direkt klappt. Sie hat Pflaster und tröstende Worte mit dabei, wenn es nicht gleich funktioniert hat. Dieses wunderbare kleine Fräulein MUT ist die MUTigere und frechere Version von uns – noch.

Nach dem Arbeiten mit diesem Buch wird sich das natürlich verändern.

# Deine Standortbestimmung

Du hast dir dieses Buch gekauft, um MUTiger zu werden. Du hast schon einiges gelesen – über mich und meine Angsthasenkarriere, über das Wesen des MUTes und die vielen Formen und Farben, die der MUT hat. Und du liest gerade weiter, das ist gut! Das heißt für mich vor allem eins: Du meinst es ernst mit dem MUTigen Leben, du willst es wirklich wissen und trainieren – damit Freiheit, Selbstbestimmung und Glück deine Wegbegleiter werden können.

Kennst du das? Wenn man Mitglied in einem Fitnessstudio wird, egal mit welchem Ziel, dann führt man erst mal ein Aufnahmegespräch und es wird ein Status quo ermittelt. Wie ist deine körperliche Fitness? Welche Ziele willst du erreichen? Was sind deine Potentiale, aber auch möglichen Hindernisse?

Genauso ist es vor dem Start des MUTmuskeltrainings auch. Wir müssen ja erst mal schauen, wo du stehst, welche Sehnsüchte und Träume in dir schlummern und welche Werte die Basis für dein Leben darstellen – sprich, du wirst dich in diesem Kapitel noch mal richtig gut selber kennenlernen, neue Seiten entdecken, deine Komfortzone erkunden, denn genau das ist die Basis für ein gelingendes Training. Du musst wissen, wo du hinwillst, aber eben auch, wo du herkommst und wo du dich gerade befindest. Dein innerer Kompass kann dir sonst keinen guten Weg vorschlagen, ähnlich wie ein Navi, wenn es Start und Ziel nicht kennt.

Wie du bereits weißt, gab es in mir immer zwei laute Stimmen. Die eine war die berufliche Stimme, die immer gesagt hat: »Du kannst alles werden, was du willst, Tanja!« Deshalb war ich oft so furchtlos in Sachen Job wechseln oder auch mal hinschmeißen, neue Aufgaben übernehmen oder ins Ausland gehen.

Die andere laute Stimme war die, die dauernd Öl in das Feuer der Unsicherheit, der Zweifel und Sorgen gegossen hat. »Was denken die anderen von dir?« »Oh nein, das ist so peinlich, alle werden über dich lachen, wenn du das nicht weißt / kannst / machst.« »Wenn du nicht alles für jemanden tust, warum sollte er dich dann lieben?« »Wenn du jetzt Nein sagst, dann ist sie bestimmt sauer auf dich.«

Wahrscheinlich kennst du diese inneren Stimmen und Dialoge auch sehr gut. Diese Stimmen oder Sätze bekommen wir von unserem Herkunftssystem gratis mitgeliefert oder hören so etwas in der Schule oder von anderen Menschen aus unserem unmittelbaren Umfeld. Wir glauben und wiederholen diese Sätze innerlich so lange, bis sie irgendwann zu unserer Überzeugung werden und sich richtig tief verankern in unseren Gedanken und Gefühlen. Sie bilden sogenannte Glaubenssätze, die unser Leben steuern und unsere Realität bestimmen. Sie werden zur Baseline, die den Rhythmus für unsere Lebensmelodie vorgibt. Wenn diese Sätze uns klein machen, uns erzählen, dass wir es sowieso nicht schaffen, dass wir nie gut genug sind oder nicht liebenswert, na, dann kann der Raum, in dem wir uns bewegen, und das, was wir uns zutrauen, sehr, sehr klein werden.

Obwohl ich eine Stimme in mir hatte, die mich beruflich so groß und furchtlos gemacht hat, so war es diese zweite Stimme des Zweifels, die dafür gesorgt hat, dass ich ständig meine eigenen Bedürfnisse und Wünsche hinten angestellt habe. Es war die dauernde Nachricht an mich: Die anderen und deren Bedürfnisse und Wünsche sind wichtiger als deine eigenen, Tanja. Nur wenn du genau diese erfüllst und dich immer schön anpasst, dann wirst du geliebt und gehörst dazu!

Wohin mich das am Ende geführt hat, weißt du ja bereits. Lass uns jetzt schauen, wo du in deinem Leben Zweifel und Sorgen erlebst und auf welche inneren Stimmen du dabei stößt, welche inneren Dialoge daraus entstehen und ob diese dich in die Unsicherheit und in den Zweifel bringen oder dich stärken und großmachen.

**Wo stehst du gerade?**

### … beruflich?

Mal angenommen, es gäbe gerade die Möglichkeit einer Beförderung oder sich auf eine andere Stelle zu bewerben und du würdest dies auch gerne tun. Du hast einige der Voraussetzungen erfüllt und kannst einige Erfahrungen nachweisen, ABER ein oder zwei Qualifikationen fehlen dir noch. Was denkst du?

→ Ich bewerbe mich, denn ich glaube daran, dass ich in den neuen Job reinwachsen werde und mir auf dem Weg die fehlenden Qualifikationen aneignen kann.

→ Ich bewerbe mich und schaue mal, ob überhaupt jemand merkt, dass mir noch etwas fehlt. Falls es jemand merkt, kann ich ja vielleicht im Gespräch trotzdem von meinen anderen Qualitäten und Stärken überzeugen.

→ Ich bewerbe mich auf keinen Fall, weil ich große Sorgen habe, dass ich die Anforderungen nicht erfüllen werde.

→ Ich kann mich auf keinen Fall bewerben, was denken denn da die Kollegen von mir?

→ Ich bewerbe mich auf keinen Fall, stell dir mal vor, ich bekomme den Job am Ende nicht, voll peinlich!

Überlege mal:

→ Wie hast du dir deinen aktuellen Job ausgesucht? Hast du dich getraut dir etwas zu suchen, was wirklich zu dir passt oder bist du auf Nummer sicher gegangen? Erfüllt dich diese Tätigkeit? Wie geht es dir montagmorgens oder nach einem tollen Urlaub? Vielleicht gibt es schon seit Jahren den heimlichen oder auch schon ausgesprochenen Wunsch in dir, etwas anderes, Neues zu machen, aber bis jetzt sind die Zweifel und Sorgen noch zu groß, um es in die Tat umzusetzen?

→ Vielleicht hast du dich aber auch gerade selbständig gemacht oder dich auf einen neuen Job beworben und freust dich auf neue Herausforderungen und Aufgaben?

→ Du hast gerade noch mal angefangen zu studieren, obwohl du jenseits der 30 bist?

→ Du wechselst immer mal wieder den Job und freust dich auf viel Neues?

→ Du hast deinen Traumjob gefunden und gehst – nicht jeden Tag, aber doch eine Vielzahl der Tage – mit einem Lied auf den Lippen zur Arbeit?

Was würdest du sagen? Wie steht es um deinen beruflichen MUTmuskel und deine Selbstbestimmung? Bist du aus vollem Herzen dabei? Bist du da, wo du sein möchtest oder auf dem Weg dorthin? Oder gibt es eigentlich etwas ganz anderes, das du tun willst, aber Zweifel und Sorgen, das Konzept von Sicherheit, Seriosität, Sätze wie »Das kannst du doch nicht machen!« oder vielleicht die Idee, nicht gut genug zu sein, halten dich davon ab?

Nimm dir ein Blatt Papier und schreibe dir deine Gedanken dazu auf. Du kannst die Fragen nacheinander beantworten oder dich einfach von den Fragen inspirieren lassen und deine Gedanken und Emotionen dazu notieren.

Wenn du das getan hast, müsstest du eine ganz gute Idee bekommen haben, wie du bezogen auf deinen Job tickst und unterwegs bist. Dann markiere das doch jetzt bitte noch auf der untenstehenden Skala. Damit wird dann mal in einer ganz konkreten Zahl sichtbar, wo du aktuell stehst. Bleib möglichst ehrlich mit dir selbst, an dieser Stelle zu beschönigen, hilft dir nicht weiter.

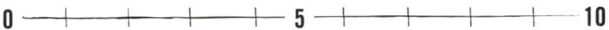

**10 =** Ich mache total mein Ding und freue mich über jede neue Herausforderung. Wenn ich mal Sorgen oder Zweifel habe, so kann ich diese meist überwinden und habe Vertrauen in mich und mein Tun.
**5 =** Teilweise mache ich mein Ding und teilweise folge ich dem Zweifel, sozusagen 50/50.
**0 =** Ich bin weit davon entfernt mein Ding zu machen. Ich folge immer den Stimmen von außen und meinen ängstlichen Anteilen.

### … finanziell?

Ich weiß, über Geld spricht man nicht. Hilft aber nix, auch da müssen wir ran. Zu einem selbstbestimmten Leben gehört eben auch, dass du dich gut für deine Arbeit bezahlen lässt. Da ich viele Jahre im Einkauf tätig war, kenne ich jede Verhandlungstechnik und auch die meisten Gründe, warum Verhandlungen schiefgehen. Wir verknüpfen sehr viele Emotionen mit Geld, obwohl es ja eigentlich »nur« ein Zahlungsmittel ist. Meist ist der Selbstwert ausschlaggebend, was ich über mich und meine Arbeitsleistung glaube, ob ich mich schnell von meinem Gegenüber überzeugen lasse und ob ich mich im Zweifelsfall für meine finanziellen Bedürfnisse einsetze oder eben lieber für die der anderen oder der Firma.

Lass dich wieder von meinen Fragen inspirieren und notiere dir deine Gedanken dazu:

➜ Wann hast du das letzte Mal deinen Chef/deine Chefin nach einer Gehaltserhöhung gefragt?

➜ Und falls du selbständig bist, wann hast du das letzte Mal dein Honorar erhöht?

➜ Wie gehen Honorar- oder Gehaltsverhandlungen üblicherweise bei dir aus?

➜ Bist du gut vorbereitet, weißt du genau, was du erreichen willst, hast gute Argumente in der Tasche, um deine Erfolge und Kompetenzen sichtbar zu machen?

➜ Oder lässt du dich vom ersten Stirnrunzeln umhauen und bietest sofort an, weiterhin zu den alten Konditionen zu arbeiten?

➜ Kennst du den Gedanken »Da habe ich mich und meine Leistung mal wieder unter Wert verkauft«?

→ Erlebst du oft, dass andere mehr Gehalt bekommen oder ihre Dienstleistung zu einem höheren Preis verkaufen?

→ Oder bist du dir klar darüber, dass deine Leistung gut ist und ihren Wert hat?

Lass die Fragen auf dich wirken und mache dann wieder ein Kreuz auf der Skala:

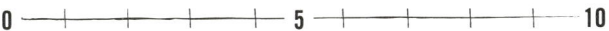

**10 =** Ich kenne meine Kompetenzen und Erfolge und lasse mich angemessen und gut bezahlen. Wenn ich mal Sorgen oder Zweifel habe, so kann ich diese meist überwinden und habe Vertrauen in mich und mein Tun.

**5 =** Manchmal gelingt es mir, mich gut für meine finanziellen Bedürfnisse und Ziele einzusetzen, aber manchmal glaube ich auch, dass meine Arbeit nicht so viel wert ist, wie die von anderen.

**0 =** Ich bin weit davon entfernt finanziell mein Ding zu machen. Ich folge immer den Stimmen von außen und meinen ängstlichen Anteilen.

#### ... in der Zusammenarbeit?

Meist habe ich Ja gesagt in meinem Job. »Kannst du das schnell noch machen?« »Das ist ein so tolles Projekt, Tanja, da könntest du dich echt gut reinarbeiten und viel lernen!« »Du bist die erste Wahl für diese Aufgabe, du bist einfach die, die das Thema am schnellsten und besten durch die Organisation bringen kann.«

Zusätzlich habe ich mir dazu noch selbst total enge Deadlines gesetzt, damit jeder sieht, wie schnell, gewissenhaft und professionell ich meine Themen bearbeite und im Griff habe. Warum? Na, was sollen denn sonst die lieben Kollegen oder der Chef von mir denken? Dass ich das nicht kann oder schaffe, dass ich keine nette Kollegin oder vorbildliche Vorgesetzte bin, dass ich meinen Job vielleicht doch nicht im Griff haben? Dann lieber Ja sagen, wenn ich eigentlich Nein sagen müsste, weil der Schreibtisch bereits völlig überladen ist und ich schon nah an der Überforderung. Auch hier habe ich aus Angst vor den möglichen Konsequenzen meine Grenzen völlig ignoriert, der vermeintlich gute Ruf oder die harmonische Stimmung im Büro waren mir wichtiger als meine Bedürfnisse.

An dieser Stelle möchte ich die Frage »Was denken wohl jetzt die anderen von mir?« ein für alle Mal beantworten. Denn ich habe es herausgefunden. ☺

Das erste große Geheimnis ist: Die anderen denken meist viel mehr über sich selbst und ihre eigenen Themen nach als über dich. WAAS? Das Universum dreht sich gar nicht um uns, egal wie sehr wir uns abstrampeln für einen guten Eindruck oder für die Anerkennung der anderen? Ich weiß, es ist unglaublich, aber meist wahr.

Das zweite große Geheimnis: Auch mit dem bestmöglichen Verhalten und Verbiegen können wir nicht steuern, was jemand über uns denkt oder ob er uns mag. Wenn jemand dich für faul und doof halten möchte, dann wird er das tun, egal wie sehr du dich bemühst. Fährst du dann gute Arbeitsergebnisse auf, wird diese Person vielleicht denken, dass in Wirklichkeit dein Team die Arbeit gemacht hat oder dass du deine Ergebnisse besser darstellst, als sie tatsächlich sind.

Es ist also müßig und wenig sinnvoll, sich so viele Gedanken darum zu machen, was die anderen von uns denken. Es macht uns klein, es schwächt uns und im schlimmsten Fall hält es uns davon ab, unser Ding zu machen und aus vollem Herzen zu leben.

Leider war mir das früher nicht klar und so habe ich mich an dem Gedanken über die Gedanken der anderen stetig abgearbeitet. Wenn du dir ein großes Geschenk machen willst, dann übe dich darin, dir diese Gedanken mehr und mehr abzutrainieren. Es lebt sich leichter, wenn der eigene Maßstab mehr wert ist als der der anderen. Und es wird dir helfen, auch in der Zusammenarbeit mit anderen, mehr dein Ding zu machen und selbstbestimmt zu handeln.

Hier wieder ein paar Fragen, um deine Reflexion anzuregen:

→ Wie geht es dir in der Zusammenarbeit mit deinen Kollegen oder deinem Vorgesetzten?

→ Bist du bei dir, kannst du dich gut abgrenzen und für deine Themen einstehen?

→ Oder bist du eher damit beschäftigt, den anderen gefallen zu wollen und möglichst unkompliziert zu sein, damit bloß keiner Anstoß an deinem Verhalten nimmt?

→ Kannst du deine Meinung und deine Werte gut vertreten?

→ Gibst du konstruktive Rückmeldung, egal ob an Kollegen oder die Führungsetage?

→ Oder sagst du lieber nix, in der Hoffnung, dass du unter dem Radar fliegst und möglichst keine Rückmeldung erhältst? Es könnte ja eine negative sein?

→ Wie groß ist dein Gestaltungsspielraum in der Zusammenarbeit? Eher eng? Oder groß und mit viel Luft für Wachstum, Veränderung und Vielfalt?

Wie erging es dir mit diesem Frage-Set? Konntest du dir ein paar Gedanken dazu notieren? Wunderbar! Dann bist du sicher bereit, auch noch mal auf der Skala deinen aktuellen Status quo festzuhalten:

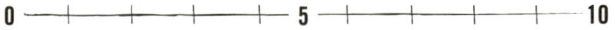

**10 =** Ich gestalte meine Zusammenarbeit mit Kollegen und Vorgesetzten nach meinem Ermessen und kann ohne Angst und Unsicherheit im Kontakt mit ihnen agieren. Konflikte werden angesprochen, ich erhalte und gebe Rückmeldung.

**5 =** Einige Beziehungen kann ich für mich gut gestalten, in anderen bin ich ängstlich und passe mich lieber an, um nicht aufzufallen. Hier hätte ich gerne noch mehr Gestaltungsspielraum.

**0 =** Ich versuche, unter dem Radar zu fliegen und nicht aufzufallen. Zu groß ist die Sorge, dann Probleme zu bekommen oder nicht mehr beliebt zu sein.

### ... mit deinen Freundschaften?

Viele Jahre habe ich das mit den Freundschaften völlig missverstanden. Irgendwas in mir hat geglaubt, dass ich meinen Freundinnen vor allem gefallen muss, ihnen nach dem Mund reden, mir stundenlang Konflikte und Geschichten am Telefon anhören, bei jedem Umzug zur Verfügung stehen, im

Notfall auch nachts für sie da sein muss, und dass das und auch nur das wirklich heißt, dass ich eine gute Freundin bin. Meiner Leidensfähigkeit waren keine Grenzen gesetzt und so habe ich wirklich vieles mit mir machen lassen, was weder meinen Bedürfnissen noch meiner Natur entsprochen hat. Eine meiner engsten und längsten Freundschaften hat jahrelang genau aufgrund dieser Schieflage sehr gut funktioniert und ich habe es nicht mal gemerkt. Erst als ich selbstständig war und einen räumlichen Abstand – ich war drei Monate mit meinem Mann auf Teneriffa – von dieser Freundin hatte, ist mir aufgefallen, wie anstrengend und auslaugend diese Freundschaft die letzten zwanzig Jahre für mich gewesen ist. Ja, unglaublich aber wahr, das habe ich wirklich zwanzig Jahre durchgehalten und mitgemacht. Immer aus Angst vor dem negativen Feedback oder der Aussage, dass ich als Freundin, als Mensch, als Tanja nicht richtig bin. Mein Mann hat immer öfter den Kopf geschüttelt, aber ich habe eben lange gebraucht, um zu sehen, dass die Angst vor der vermeintlichen Ablehnung mich in dieser Beziehung gehalten hat. Heute führe ich überwiegend Freundschaften, die auf ehrlichem Austausch, Unterschiedlichkeit und Wachstum basieren.

→ Wie geht es dir mit deinen Freundschaften? Fühlst du dich wohl und kannst dich als Mensch so zeigen, wie du bist? Mit dem, was gut, und mit dem, was schwer ist?

→ Oder denkst du, dass du eine Rolle spielen musst, um zu gefallen?

→ Traust du dich in deinen Freundschaften auch Grenzen zu zeigen?

→ Sagst du Nein, wenn du etwas nicht geben kannst?

→ Kannst du dich gut abgrenzen, wenn es notwendig ist?

→ Darf es auch mal krachen, ohne dass du Angst hast, diese Freundschaft zu verlieren?

→ Oder fühlst du dich frei, wohlig und unterstützt von deinen Freundschaften?

→ Du darfst wachsen und frei agieren, ohne Angst, dass du nicht mehr akzeptiert wirst?

→ Du kannst dich abgrenzen und auch das Nein deiner Freunde akzeptieren, ohne dass die Freundschaft direkt in Frage gestellt wird?

Auch hier ist es sinnvoll, eine Bestandsaufnahme durchzuführen und sich ganz ehrlich zu fragen, wie selbstbestimmt du deine freundschaftlichen Beziehungen gestaltest. Gehe die Fragen durch und schaue dir deine Freundschaften an. Und wieder lade ich dich ein, auch auf der Skala den passenden Wert für diesen Lebensbereich zu finden:

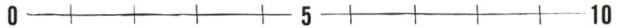

**10 =** Ich kann mich frei bewegen in meinen Freundschaften. Sie unterstützen mich, lassen mich wachsen und mich verändern und bereichern mein Leben. Meine Freunde sind toll!

**5 =** Einige Freundschaften sind wunderbar und nährend, aber ich führe auch Freundschaften, in denen ich oft das Gefühl habe, mich verbiegen zu müssen. Bei diesen Freunden traue ich mich nicht Nein zu sagen oder bestimmte Themen anzusprechen.

**0 =** Ich verbiege mich dauernd für meine Freunde, viel zu groß ist die Angst nicht geliebt und zugehörig zu sein.

### … in deiner Partnerschaft und Familie?

Im Jahr 2011 war ich auf einem großen Veränderungsseminar und habe zehn Tage lang neue Erfahrungen, durchaus auch Grenzerfahrungen, gemacht und hatte Zeit und Anregung, über mich und mein Leben nachzudenken. Als ich nach Hause zu meinem Mann kam, hatte ich damals große Mühe zu erklären, was genau diese neuen Erfahrungen in mir ausgelöst haben. Ich habe mich gewunden und viel mit meinem Tagebuch kommuniziert, in der Hoffnung, an bestimmte Konflikte nicht ranzumüssen und das irgendwie mit mir klären zu können. Hat leider nicht geklappt. Denn auch in meiner Partnerschaft und im Umgang mit meiner Familie gab es viel zu klären und neue Freiräume für mich auszuloten. Nachdem ich damit angefangen hatte, wurde ich an der ein oder anderen Stelle in der ersten Zeit kompromisslos und dann hat es auch schon mal ordentlich geknallt. Aber keine Sorge, das pendelt sich meist mit ein bisschen Übung auf beiden Seiten wieder auf ein gutes Maß ein. Wenn wir uns verändern und an Stellen, an denen wir früher einfach ohne nachzudenken Ja gesagt haben, nun auf einmal eine Grenze ziehen und Nein sagen – na, dann findet das unser Gegenüber im ersten Moment auf jeden Fall ungewohnt und vielleicht nicht direkt super. Deshalb bereite ich die Menschen, die zu mir zum MUT-Coaching kommen, immer auch darauf vor, dass die Systeme (Familie, Beziehung, Kollegen, …), in denen sie sich bewegen, etwas Zeit brauchen, sich an die Veränderung zu gewöhnen und auf das Neue einzustellen.

Wenn du bis jetzt immer deinem Mann oder deiner Frau zuliebe nicht alleine weggefahren bist, du aber durchaus den Wunsch hast, auch mal deine Lieblingsstadt oder ein Land alleine – oder mit einem Freund oder einer Freundin – zu erkunden, und du dies auf einmal vorschlägst oder ansprichst, dann erwarte in der ersten Runde nicht, dass deine Partnerin oder dein Partner vor Freude einen Luftsprung machen. So eine Veränderung kann viel Unsicherheit im Gegenüber auslösen. Deshalb ist es sinnvoll, dem anderen zu erklären, warum man das möchte, was das Bedürfnis dahinter ist, warum man sich es erst jetzt traut und dass man sich selbst auch Sorgen macht und Ängste hat, was das Gegenüber davon hält. Lass deinem Partner Zeit, sich an deine Entwicklung und dein Einstehen für deine Bedürfnisse und Wünsche zu gewöhnen. Am Anfang könnte das neue Ja zu dir und deinen Bedürfnissen als Nein zum Gegenüber verstanden werden. Erst mit Zeit und Erfahrung – z. B. dass du nachdem du alleine weg warst, auch gerne wieder nach Hause kommst – hat dein Gegenüber Sicherheit gewonnen und kann sich auf deine neuen Verhaltensweisen einstellen.

Ein paar Monate nach meinem Veränderungsseminar war ich mit meinem Mann und meiner Schwester essen. Sie hatte sich auch gerade zu diesem Seminar angemeldet und wollte natürlich einmal hören, wie es uns als Paar danach ergangen ist, und das nicht nur von mir. Sie hat also meinen Mann gefragt, wie er mich und meine Veränderung wahrgenommen hat. Und was glaubt ihr, was er gesagt hat? »Na ja, am Anfang war es ungewohnt, aber jetzt ist es viel leichter als früher. Meine Frau sagt jetzt einfach, was sie braucht und will, das ist für mich viel klarer und besser zu verstehen, als immer dieses Rumgeeiere!« Diese Antwort habe ich natürlich total gefeiert und wieder mal gemerkt: MUTig den eigenen Gestaltungsraum in Beziehung und Familie zurückzugewinnen, kann durch mehr Klarheit und Aufrichtigkeit zur Entspannung aller Beteiligten beitragen. Wenn ein offener, ehrlicher und eben auch wertschätzender Umgang möglich wird und sich nicht mehr alle Beteiligten verbiegen müssen, dann wird es auch möglich, dass jeder wieder mehr das bekommt, was er braucht und will vom Leben.

→ Vielleicht bist du beim Lesen meiner Geschichte schon gedanklich durch deine Partnerschaft und dein Familienleben gegangen. An welchen Stellen verbiegst du dich für das Wohl der Anderen?

→ Wo verzichtest du, oft unausgesprochen, auf das, was du brauchst, damit du bloß nicht aneckst oder einen Konflikt auslöst?

→ Wo machst du nicht dein Ding, aus Angst, dann Liebe und Zugehörigkeitsgefühl zu verlieren?

→ Wo traust du dich nicht, deine Wahrheit zu leben?

→ Oder erkennst du gut deine Bedürfnisse und stehst für diese ein? Lebst du in einer reifen Partnerschaft, in der Unterschiedlichkeiten gut ausgehalten und Freiheiten zugelassen werden?

→ Hast du Luft und Platz für dich und deine Entwicklung in deinem Familienleben?

Das Thema Partnerschaft und Familie ist sicherlich eines der herausforderndsten Themen, gerade auch, wenn Kinder da sind. Am Anfang ist es natürlich und klar, dass man für eine gewisse Zeit die Kinder in den Vordergrund stellen und die eigenen Bedürfnisse und Wünsche für diese Zeit etwas zurückstellen muss. Aber es gilt auch, sich darüber nicht ganz zu vergessen und alles zu parken, bis die Kinder aus dem Haus sind. Die eigenen Kinder profitieren von glücklichen und zufriedenen Eltern, die ihr Ding in der Welt machen, mehr, als von Eltern, die zwar ständig da sind und sich kümmern, dafür aber das eigene Glück und Selbstbestimmung auf später vertagt haben.

Notiere dir deine Gedanken, Ängste, Sorgen und auch Erkenntnisse aus diesem Abschnitt. Welche Punktzahl erhält dieser Lebensbereich auf der Skala für Selbstbestimmung und ein Leben, das zu dir passt:

**10 =** Ich kann in meiner Partnerschaft und Familie mein Leben passend für mich gestalten und für meine Bedürfnisse und Wünsche gibt es Raum und Platz. Ich darf mich entwickeln, wachsen und mich verändern.

**5 =** In einigen Bereichen meiner Partnerschaft und meines Familienlebens stelle ich mich eher hinten an und traue mich nicht, mir den Raum zu nehmen, den ich eigentlich brauche. In anderen Bereichen wiederum kann ich das ganz gut und gestalte diese Bereiche in meinem Sinne.

**0 =** Ich verbiege mich dauernd für meine Familie und meine Partnerschaft, viel zu groß ist die Angst, nicht geliebt und zugehörig zu sein.

### … im Kontakt mit Fremden?

Ich liebe es, alleine auf berufliche Veranstaltungen zu gehen. Da bin ich voll in meinem Element. Ich erinnere mich noch gut an meine allerallererste Veranstaltung als Selbständige. Die Visitenkarten kamen gerade ganz frisch vom Drucker, die Internetseite mit ersten Angeboten war veröffentlicht und ich bin losgezogen auf eine Kölner Rednerveranstaltung. Von den Kontakten, die ich damals geknüpft habe, profitiere ich heute immer noch. Ich habe einfach jeden angequatscht, meine Visitenkarte ganz stolz überreicht, denn ich hatte ja eine Mission: mich erfolgreich am Markt etablieren, endlich das tun, was mein Herz zum Schwingen bringt. Und ihr erinnert euch? Sobald es um den Job geht, bin ich meist furchtlos. Lass mal losrennen, ist dann mein Motto!

Sobald ich aber im privaten Kontext alleine auf eine Party gehe oder alleine in einen Club, ist das eine ganz andere Nummer. Da kommen sofort die alten Schulängste hoch: Was ist, wenn sich keiner mit mir unterhalten will und ich den ganzen Abend alleine rumstehe? Und schon geht es los mit den schwächenden Dialogen im Kopf. Wenn ich mich also entscheide, privat solo unterwegs zu sein, braucht es immer eine Portion MUT, das dann auch zu tun. Meist sehe ich es als Training und versuche einfach, die inneren Stimmen auf lautlos zu stellen, loszugehen und trotzdem Spaß zu haben. Meine Erfahrung damit? Meist gelingt es gut, manchmal auch nicht, aber es stärkt mich und macht mich freier, denn ich kann eben auch ohne Partner oder Freundinnen gehen, wenn mich die Lust packt.

→ Wie geht es dir im Kontakt mit noch nicht bekannten Menschen?

→ Fällt es dir leicht alleine ins Kino, Theater oder auf eine Party zu gehen?

→ Hast du Sorgen, dass du nicht interessant genug bist oder den so oft erwähnten Smalltalk nicht beherrschst? Gehst du trotzdem? Oder suchst du so lange nach einer Begleitung und gehst nur, wenn du jemanden findest?

→ Daran schließt sich auch die Frage an, gehst du lieber in schlechter Begleitung als ohne?

→ Hält die Sorge, was andere über dich denken könnten, dich davon ab, auch mal alleine loszuziehen?

→ Oder bist du jemand, der gerne alleine unterwegs ist, ob nun abends oder tagsüber, weil du gerne neue Leute kennenlernst und die Freiheit der Alleingänge dich locken?

→ Bist du dir selbst gute Gesellschaft genug und hältst es durchaus aus, auch mal für einen Moment alleine rumzustehen, ohne direkt unruhig zu werden?

Bei welchen der Fragen nickst du und fühlst dich genau beschrieben? Mach dir wieder ein paar Notizen über deine Gedanken und Erkenntnisse und markiere auf der nachfolgenden Skala deinen Status quo:

**0** —|—+—|—+—|— **5** —|—+—|—+—|— **10**

**10 =** Ich probiere gerne alles aus, eben auch alleine auf Veranstaltungen, ins Kino und auf eine Party gehen. So kann ich mein Leben nach meinem Ermessen gestalten, auch mal solo.

**5 =** Manchmal gehe ich alleine und fühle mich frei, das zu tun, was ich will, und manchmal schaffe ich es eben auch nicht, je nach Tagesform. Es gibt Luft nach oben.

**0 =** Ich bin weit entfernt davon, mich alleine auf eine Party oder eine Veranstaltung zu trauen. Viel zu peinlich, was könnten die anderen dann von mir denken.

### … auf Reisen?

Ich bin schon immer gerne gereist, meist aber in Gesellschaft von Freunden oder meiner Schwester. Manchmal haben meine Reisen sogar dazu geführt, dass ich länger bleiben wollte. Deshalb habe ich auch schon mehrmals im Ausland gelebt, bin am Ende aber immer wieder in Köln gelandet.

Als ich damals in Kalifornien lebte und der Entschluss getroffen war, bald wieder nach Köln zu gehen, hatte ich noch vier Wochen zu meiner freien Verfügung. Damals bin ich zum ersten Mal in meinem Leben alleine gereist. Wow, was für eine Erfahrung: Dem eigenen Rhythmus nachgehen, immer schauen, was will ich heute erleben, totale Freiheit und Weite. Gleichzeitig aber auch, jeden Tag den MUT aufbringen, wieder alleine rauszugehen, sich den Herausforderungen, manchmal auch Problemen und Unsicherheiten, die einen erwarten, alleine zu stellen, immer selbst und allein verantwortlich sein. Manchmal kostet es Überwindung, immer wieder auf neue Menschen zuzugehen und Kontakte zu knüpfen oder abends mal alleine in eine Bar zu gehen, ohne zu wissen, wie es da so sein wird.

Mein Fazit war und ist: Alleine reisen macht frei und unglaublich viel Spaß. Zusammen reisen hat andere Qualitäten und gefällt mir ebenfalls gut. Beides zu können ist unbezahlbar für ein selbstbestimmtes und MUTiges Leben.

→ Wie hältst du es mit dem Reisen?

→ Besuchst du die Orte, die du sehen willst?

→ Oder halten dich Flugangst oder keine Begleitung zu haben, von deinen Traumreisen ab?

→ Schiebst du deine Weltreise schon lange vor dir her? Irgendwann mal?

→ Vielleicht verreist du der Familie zuliebe immer ans Meer, obwohl dich der Berg ruft?

→ Oder du bist ein Weltenbummler, der regelmäßig reist und sich die Welt anschaut und MUTig immer wieder neue Länder und Kulturen kennenlernt?

→ Du bist ein Urlaubsmuffel und darfst einfach zuhause bleiben, weil dort das Bett bequem und deine liebsten Dinge um dich sind?

→ Was auch immer dein Ding ist, machst du es einfach?

→ Oder traust du dich nicht, es umzusetzen, weil Zweifel, Sorgen oder Ängste dich davon abhalten?

Mittlerweile bist du ja schon geübt mit der Skala zur Einschätzung der einzelnen Lebensbereiche, schau bitte auch hier, welche Zahl für dich hier passend erscheint:

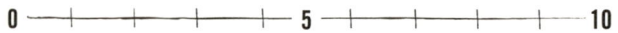

**10 =** In Sachen Reisen mache ich voll mein Ding!

**5 =** 50/50, mal mache ich mein Ding, mal gehe ich einen Kompromiss ein.

**0 =** Mich halten Ängste davon ab, diesen Lebensbereich in meinem Sinn zu gestalten.

# WO
## SOLL ES
### HINGEHEN?

## DIE KAPITELVORSCHAU – KURZ UND KNACKIG

Jetzt ist Zeit zum Träumen, Wünschen und Zielesetzen. In diesem Kapitel schaust du dir deine Träume und Wünsche noch mal ganz genau an. Auch deine Werte wirst du unter die Lupe nehmen, denn sie leiten und lenken deine Handlungen und Bedürfnisse. Das Leben ist zu kurz für MUTproben – nimm dir lieber die Grenzen vor, die für dich sinnvoll sind und deinen Gestaltungsspielraum erweitern. Entwickle eine eigene Vision von deinem Leben, damit du in die richtige Richtung losrennst.

# Wovon träumst du?

Du hast dir nun einige wichtige Lebensbereiche angeschaut und darüber reflektiert, aber vielleicht schlummert noch irgendwo ganz hinten, ganz unten ein Wunsch, ein Traum, eine große Sehnsucht in dir? Vielleicht ist es eine Weltreise? Vielleicht eine Sprache lernen? Endlich den Tango-Kurs machen? Oder auswandern? Dein Idol kennenlernen? Einmal auf einer großen Bühne stehen?

Ich lese und verfolge schon seit vielen Jahren Sabine Asgodom, eine tolle und erfolgreiche Kollegin von mir, vielleicht kennst du sie ja auch?!

Auf meiner Wunschliste stand irgendwann mal: »Ich will Sabine Asgodom kennenlernen und ein tolles Gespräch mit ihr führen!« Ich war noch relativ am Anfang meiner Selbständigkeit und sehe auf Facebook, dass jemand aus meinem Netzwerk ein Bild von sich und Sabine postet. Die beiden kennen sich anscheinend besser und nach diesem Post zu urteilen, wollten die beiden bald wieder zusammen essen gehen. Ich habe die Kollegin kurzerhand angeschrieben und einfach gefragt, ob sie mich mitnehmen kann. Ich habe ihr davon erzählt, dass ich ein großer Fan bin und einfach alles dafür geben würde, mit Sabine einen Abend zu verbringen. Warum auch immer, aber es hat geklappt. Wenig später saßen Frau Asgodom, drei andere Damen und ICH an einem Tisch im Hotel und haben zusammen gegessen und den Abend miteinander verbracht. Es hat sich gelohnt, ich habe mir einen großen Wunsch erfüllt und sie ist wirklich genauso sympathisch und authentisch wie in ihren Vorträgen auf der Bühne. Es lohnt sich, die eigenen Wünsche und Träume zu kennen und ernst zu nehmen, oft gibt es eine Möglichkeit, diese zu leben und zu erleben.

Ich unterstütze dich wieder mit ein paar Fragen dazu:

→ Was würdest du gerne machen, wenn es auf keinen Fall schiefgehen könnte?

→ Was würdest du sofort tun, wenn niemand jemals davon erfahren würde?

→ Mal angenommen, du hättest drei Wünsche bei einer Wunschfee frei. Du darfst diese Wünsche aber nur für dich nutzen – Weltfrieden, kein Hunger in der Welt und ein neuer amerikanischer Präsident sind damit raus. Was wünschst du dir für dich?

Mach dir wieder ein paar Notizen dazu und trau dich, auch abgefahrene Wünsche und Sehnsüchte einmal aufzuschreiben und sie damit sichtbar werden zu lassen. Aus vollem Herzen und MUTig zu leben heißt auch, sich zu trauen, Großes zu träumen und zu wagen. Auch dafür sind wir auf dieser Welt. Nicht alle Träume werden wahr, nicht alle Träume stellen sich am Ende als die richtigen für uns heraus und wir können auch nicht sofort alle Wünsche und Sehnsüchte immer erfüllen, ABER es lohnt sich, es zu versuchen und etwas näher an sie heranzurücken. Wenn du bereit bist, MUTig loszulaufen, dann gibt es zumindest die Chance, dass du deinem Glück begegnen wirst.

# Was ist dir WERTvoll im Leben?

Neben den oben betrachteten Lebensbereichen gibt es für mich noch eine grundlegende Basis für unsere Ausrichtung als Mensch – unsere Werte. Nach diesen richten wir unser Verhalten und unsere Handlungen aus. Können wir diese nicht leben oder müssen wir sie sogar verleugnen, um z. B. unseren Job zu behalten, dann wird es verdammt schwer im Leben.

Werte können starke Motive für unsere Handlungen sein, gelebte Werte motivieren uns und sorgen dafür, dass wir unser Leben als sinnvoll und WERTvoll wahrnehmen.

Ein Leben aus vollem Herzen zu führen, wirklich Gestalter meines Lebens zu sein, heißt auch, dass ich meine wichtigsten Werte kenne und diese leben kann. Was sind deine wichtigsten Werte? Kennst du diese und kannst sie aufschreiben? Oder musst du jetzt erst mal nachdenken und tief graben, damit sie dir überhaupt einfallen?

Dann gebe ich dir jetzt eine gute Anregung, deine Werte einmal ganz bewusst zu benennen und vielleicht sogar in eine – zumindest gerade passende – Reihenfolge zu bringen.

Als Anregung für dich: 127 Werte und Motive – ohne Vollständigkeit – die bis heute in meinen Coachings oder Trainings von Klienten als wichtig in ihrem Leben benannt wurden:

## A

Abenteuer, Akzeptanz, Ästhetik, Authentizität,
Attraktivität, Austausch, Achtsamkeit, Ansehen,
Ausgeglichenheit, Agilität, Anerkennung

## B

Bedeutsamkeit, Bewusstheit, Bescheidenheit, Balance,
Begeisterung, Beharrlichkeit

## D

Disziplin, Demut, Dankbarkeit

## E

Erfolg, Effektivität, Effizienz, Ehrlichkeit, Ehrgeiz,
Entscheidungsfreude

## F

Familie, Fairness, Freude, Freundschaft, Feiern, Fleiß,
Flexibilität, Freiheit, Frieden

## G

Geborgenheit, Gesundheit, Gerechtigkeit, Glaube,
Glück, Großzügigkeit, Geduld, Glaubwürdigkeit,
Güte, Gelassenheit

## H

Humor, Harmonie, Hilfsbereitschaft, Hingabe,
Höflichkeit, Hoffnung

## I

Idealismus, Intelligenz, Intimität, Integrität, Individualismus, Innovation, Interesse, Intuition

## K

Kompetenz, Kooperation, Kreativität, Klugheit, Kinder, Kraft

## L

Leichtigkeit, Liebe, Leidenschaft, Lebensfreude, Lebenslust, Leistung, Loyalität

## M

Motivation, Mitgefühl, Macht, MUT

## N

Neugier, Nähe, Natur, Nächstenliebe, Nachhaltigkeit

## O

Ordnung, Objektivität, Offenheit, Optimismus

## P

Partnerschaft, Produktivität, Pünktlichkeit, Perfektion, Pflicht, Phantasie

## Q

Qualität

## R

Respekt, Ruhe, Reinheit, Rücksichtnahme, Realismus

# S

Selbstbestimmung, Spaß, Sicherheit, Sinnhaftigkeit, Sportlichkeit, Sinnlichkeit, Spiritualität, Sparsamkeit, Standfestigkeit, Solidarität, Selbstdisziplin, Sorgfalt

# T

Tapferkeit, Teamgeist, Treue, Toleranz

# U

Unabhängigkeit, Unbestechlichkeit

# V

Vielfalt, Verbindlichkeit, Verantwortung, Vertrauen

# W

Weiterentwicklung, Wachstum, Würde, Weisheit, Wertschätzung

# Z

Zielstrebigkeit, Zuverlässigkeit, Zuversicht

Gehe bitte wie folgt vor:

1. Streiche einfach erstmal alle Werte / Motive durch, die so gar nicht zu dir passen. Füge gerne Werte / Motive hinzu, die dir in dieser Liste fehlen.

2. Schreibe die übriggebliebenen auf einen Zettel und sortiere dann weiter aus, bis du nur noch zehn Begriffe auf dem Zettel hast. Mit manchen Werten wirst du sofort in Resonanz gehen und erkennen, dass diese für dich elementar wichtig sind. Verlass dich auf deinen Bauch und

gehe mit deiner Intuition. Bei anderen Werten musst du vielleicht noch mal genau hinschauen. Folgende Fragen können helfen:

→ Wenn ich diesen Wert in meinem Leben nicht leben könnte, gäbe es einen anderen Wert, der diesen beinhaltet? Also zum Beispiel: Ist Ruhe ein wichtiger Wert für mich oder brauche ich eher Natur, weil ich dort sowieso Ruhe und Balance für mich finde?

→ Wenn ich diesen Wert bei der Arbeit, in meinem Privatleben nicht leben könnte, wäre ich dann noch motiviert, so weiterzumachen?

3. Mach jetzt noch einen wichtigen Schritt für ein selbstbestimmtes Leben: Überprüfe, ob diese Werte auch wirklich von dir sind. Lass dich von meinen Fragen unterstützen:

→ Schau dir deine zehn Werte an: Welche davon wären auch die Werte deiner Mutter? Deines Vaters? Deiner Partnerin / deines Partners? Oder deines Chefs?

Wenn alle deine Werte – in deiner Vorstellung – auch zu deinem Umfeld und deiner Herkunftsfamilie passen, dann hast du entweder sehr viele Übereinstimmungen mit den wichtigsten Menschen und Systemen, in denen du dich bewegst, oder aber du hast Werte von anderen übernommen, damit das Zusammenleben oder die Zusammenarbeit überhaupt funktionieren kann. Wenn du dich bei einem Wert fragst, ob dem vielleicht so sein könnte, dann schreibe diesen einfach auf einen Zettel und lege ihn auf den Boden. Stelle dich nun auf diesen Bodenanker (so nennt man den Zettel auf dem Boden im Coachingjargon). Du kannst deinen Körper somit als Feedbackinstrument nutzen.

Sag den Wert einmal laut und schaue, wie dein Körper darauf reagiert. Gehe jetzt Situationen in deinem Leben durch, in denen dieser Wert deine Handlungen, deinen Gestaltungsraum beeinflusst. Fühlt sich das gut an? Freudig? Energievoll? Oder eher anstrengend? Zäh? Schwer? So nach »Ich muss ja!«?

Und damit hast du dann auch schon die Antwort auf die Frage, ob dieser Wert zu dir gehört. Werte, die zu uns passen und uns motivieren, fühlen sich gut, nährend und freudig an, Werte, die wir eher übernommen haben und erfüllen müssen, fühlen sich schwer und zäh an oder rauben uns unsere Energie.

Wenn du auf diese Weise einige Begriffe wieder streichen musst, dann schau noch mal auf die vorherige Liste und suche Werte oder Motive, die mehr dir selbst entsprechen.

Am Ende der Übung sollten zehn Werte stehen, die zu dir passen.

Nun noch ein paar Hinweise zu dieser Übung.
Was ich hier relativ straff aufgeschrieben habe, ist eine wichtige Arbeit für dein MUTtmuskeltraining. Für diese darfst du dir ruhig ein bisschen Zeit nehmen. Du kannst die Aufgaben auch auf mehrere Tage verteilen und jeden Schritt ganz in Ruhe und mit etwas Zeit dazwischen machen.

Du kannst diese Arbeit auch mit jemand gemeinsam machen. Entweder du leistest dir einen professionellen Coach oder Berater oder du machst die Übung mit deinem Partner/ Partnerin oder einem Freund. Dann könnt ihr euch gegenseitig mit Fragen und Feedback unterstützen.

# MUTprobe oder MUTiges Leben?

In meinen Vorträgen spreche ich oft davon, dass das Leben zu kurz für MUTproben ist und wir uns für ein MUTiges Leben lieber den sinnvollen Grenzerweiterungen zuwenden sollten. Ich glaube nämlich, dass viele Menschen den MUT falsch verstehen und immer noch denken, dass sie mit einem Bungee Jump oder einem Fallschirmsprung sich und der Welt ihren MUT beweisen. Natürlich kann so etwas, wenn es als Referenzerfahrung genutzt wird, auch für mehr MUT im Leben sorgen. Nämlich dann, wenn ich sie als eine Art Ritual durchführe und diese Erfahrung mental in die nächsten Situationen mitnehme, in denen ich in meinem Alltag MUTig handeln möchte.

So machen es die Menschen aber im Normalfall nicht. Die MUTprobe oder die Adrenalin-Erfahrung steht für sich als »Da war ich mal so richtig MUTig!« und somit für ein schönes und vielleicht auch stärkendes Erlebnis, sorgt aber nicht dafür, dass wir in unserem Alltag die Themen angehen, die eigentlich dran wären. Wir springen zwar vom höchsten Felsen, fragen aber immer noch nicht nach der längst fälligen Gehaltserhöhung. Wir besteigen vielleicht den höchsten Berg, gestalten aber unsere Beziehung nicht nach unseren Bedürfnissen. Wir rasen ins tiefste Tal, aber Nein sagen, wenn uns danach ist, haben wir dadurch trotzdem nicht gelernt. Deswegen rege ich immer an, sich genau die Grenzen bewusst zu machen, die im Alltag dafür sorgen, dass ich eben nicht das Leben führe, was ich mir eigentlich wünschen würde. Gehe also lieber die Themen an, die dich davon abhalten, jeden Tag von Neuem genau DEIN Ding zu machen.

Wenn du alle Übungen fleißig mitgemacht hast, dann hast du jetzt sicherlich in dem ein oder anderen Lebensbereich etwas gefunden, das du angehen könntest, um dein Leben mehr nach deinen Wünschen zu gestalten. Vielleicht gibt es auch Lebensbereiche, in denen du sehr nah dran bist an dir und deinen Bedürfnissen, aber bei den meisten Menschen – auch bei mir, gibt es genug Luft für Wachstum, Entwicklung, Veränderung und damit für das MUTmuskeltraining.

Wie geht es jetzt weiter für dich und dein Training?

# Welche Grenzen willst du erweitern?

Nimm dir deine Unterlagen mit deinen Notizen und finde für die einzelnen Lebensbereiche Themen, die du ändern möchtest. Vielleicht wirklich mal eine Gehaltserhöhung durchsetzen? Einen anderen Urlaub? Weihnachten nach deinen Wünschen gestalten? Nein sagen? Oder dir einen Traum erfüllen?

Formuliere zu den Themen in den einzelnen Lebensbereichen jeweils ein Ziel, zum Beispiel:

> *Ich möchte alleine eine Städtereise machen und alles nach meinem Rhythmus gestalten und auf niemanden Rücksicht nehmen.*

Wichtig ist nun zu überprüfen, warum du willst, was du willst. Und dafür kannst du deine Werte heranziehen und die Ziele und Ideen noch mal ganz genau unter die Lupe nehmen.

Denn manchmal verirren wir uns auch bei unseren Wünschen und lassen uns von außen erzählen, was wir mal endlich machen oder lassen sollten. Oder wir wünschen uns etwas, was sich zwar schön und toll anhört, aber eigentlich nicht den Kern unseres Bedürfnisses trifft. Beim obigen Beispiel könnte es sein, dass die Städtereise dran ist, aber vielleicht ist es auch der Hinweis darauf, dass im Alltag zu viel Fremdbestimmung herrscht und sich in diesem Ziel die Sehnsucht nach »endlich mal nur ich und meine Bedürfnisse« ausdrückt.

Wenn du endlich das Thema Gehaltserhöhung angehen

möchtest, könntest du zum Beispiel Erfolg, Ehrgeiz oder aber auch Fairness in deinen Werten finden.

Du müsstest jedes Ziel und jeden Wunsch mit einem oder mehreren deiner Werte erklären können. Ist dem nicht so, dann schau bitte noch mal genau hin. Dann kann es sich um »fremde« Werte, alte Glaubenssätze oder Themen handeln, die nicht von dir sind. Und du hast dir nicht dieses Buch gekauft, um die Träume oder Ziele von anderen zu erfüllen. Es soll um dich gehen!

Wenn du dann deine Ziele aufgeschrieben hast und das Weshalb, also die Werte dazu, dann sollte es für jedes Ziel ein inneres JA geben. Ja, das will ich machen! Ein leichtes Lächeln bei dem Gedanken, dass du es schaffen kannst. Gerne kannst du hier wieder deinen Körper als Feedbackgeber nutzen. Nimm nur die Themen mit in dein MUTmuskeltraining, die ein innerliches klares und kraftvolles JA!!! auslösen.

# Deine Vision vom Leben

Manchmal brauchen wir für ein klares und kraftvolles JA auch noch ein bisschen mehr Futter – eine strahlende Vision vom zukünftig möglichen Leben. Dann reicht die Vorstellung, die Gehaltserhöhung endlich durchzusetzen, weil ich ehrgeizig bin und auch fair bezahlt werden möchte, noch nicht aus, um motiviert den MUTmuskel anzuspannen und loszulaufen. Dann brauchen wir ein noch größeres WARUM für den MUT, über diese Hürde zu springen. Vielleicht den Wunsch vom eigenen Haus? Oder den Traum von einer Weltreise?

Wenn du also merkst, dein Ziel ist gut gewählt, es entspricht deinen Werten und du bist trotzdem nicht motiviert mit dem Training zu beginnen, dann nimm dir jetzt bitte noch mal ein Blatt und ein paar bunte Stifte zur Hand und frage dich: Wie soll mein Leben in zwei oder fünf oder vielleicht auch zehn Jahren aussehen?

★ Was möchte ich erleben?
★ Was möchte ich erreichen?
★ Wie soll sich meine Partnerschaft entwickeln?
★ Was möchte ich beruflich umsetzen?
★ Welche Reisen möchte ich machen?
★ Welche Länder kennenlernen?
★ Was steht alles auf meiner persönlichen Wunschliste, bevor ich von dieser Welt gehe?

Manchmal ist es sinnvoll, sich auch vorzustellen, welche Spuren man in dieser Welt hinterlassen möchte.

Wichtig ist, mach es schön, bunt, freudig, groß, erfüllend und trau dich, eben auch Dinge hinzuschreiben (oder zu malen oder zu kleben), die du vielleicht noch nie ausgesprochen hast. Jetzt ist genau der richtige Zeitpunkt, dich das zu trauen!

Fertig? Wunderbar! Herzlichen Glückwunsch, du hast nun bereits einen wichtigen Teil für dein MUTmuskeltraining abgeschlossen. Bitte feiere diese ersten Schritte in ein MUTiges Leben, denn jeder Anfang braucht viel Energie. Wenn du dann auf dem Weg bist, wird es nicht immer leicht, aber auf jeden Fall einfacher, denn du bist ja bereits losgegangen.

Im nächsten Kapitel geht es weiter zu den nächsten Schritten. Was unterstützt dich bei der Umsetzung? Was sind mögliche Hindernisse für die Umsetzung? Mit der richtigen Fehlerkultur und Haltung werden auch die nächsten Schritte für dich möglich. Also, weiter geht's!

# LAUF
# LOS!

## DIE KAPITELVORSCHAU – KURZ UND KNACKIG

Wir lernen laufen durchs Hinfallen. Weil wir das als Erwachsene vergessen, darfst du jetzt das Hinfallen wieder lernen. Keine Sorge, Fräulein MUT hat Pflaster und Trost dabei. In diesem Kapitel bekommst du viele Übungen, Ideen und Anregungen, wie du losgehen und mit dem Scheitern auf dem Weg umgehen kannst und wie du selber einiges gegen Ängste, Scham und den Perfektionismus tun kannst. Eben alles für die Laufstrecke in ein MUTiges Leben. Also, Laufschuhe anziehen und aufwärmen, es geht los …

# Wir lernen laufen durch Hinfallen!

Wir sind heutzutage ausgerichtet auf ein möglichst erfolgreiches Leben. Wir optimieren uns, den Job, die Beziehung, unser Bankkonto und unseren Körper. Mir fallen keine Bereiche ein, die von diesem Optimierungszwang verschont bleiben. Es scheint so, als wäre Erfolg die einzig gültige Messgröße. Natürlich freue ich mich auch darüber, wenn zum Beispiel dieses Buch ein großer Erfolg wird. Problematisch wird es eben nur, wenn wir nicht mehr loslaufen, weil uns keiner den Erfolg garantiert. Dann hätte ich nämlich auch das Buch nicht geschrieben.

Dann haben wir nicht nur Angst davor, eine Präsentation zu halten, wir haben auch noch den Druck und Stress, dass es auf jeden Fall eine sehr erfolgreiche werden muss. Ich brauche an dieser Stelle wahrscheinlich nicht zu betonen, dass dies nicht wirklich hilfreich für Entwicklung und Wachstum ist.

Ich erinnere mich noch gut daran, wie das Laufenlernen bei meinen Nichten funktioniert hat – nämlich durch Hinfallen. Erfolg stellt sich erst nach vielen Stunden auf den Knien und dem Po ein. Leider vergessen wir das als Erwachsene wieder.

Auch wenn Erfolg sich im ersten Moment besser anfühlt als das Scheitern: Wir lernen mehr, wenn wir auch mal fallen. Und wenn ich mich so umschaue unter den ganz erfolgreichen Menschen, dann höre ich gerade hier immer auch Geschichten vom Scheitern, vom Neuerfinden, von Umwegen und vom Ausprobieren. Viele erfolgreiche Unternehmer haben mindestens eine Pleite in ihrer Karriere erlebt. Viele

Bands haben jahrelang in kleinen Bars mit wenig Publikum gespielt oder nur vor der Familie, bevor sie dann »über Nacht« berühmt wurden. Viele bekannte Schauspieler haben Zeiten mit Putz- und Kellnerjobs überbrückt, weil sie kein Vorsprechen für sich entscheiden konnten. Aber meist sehen wir nur den Erfolg und glauben dann, dass dieser möglich war, ohne vorher zu scheitern. Manchmal gibt es den direkten Erfolg sicherlich, aber das ist eher die Ausnahme als die Regel.

Wenn ich mir meinen Lebensweg so anschaue, dann kann ich ganz klar sagen, dass das Etablieren einer guten Fehlerkultur – mir und anderen zu erlauben, auch mal zu scheitern – ein sehr wichtiger, aber eben auch ein schwieriger Schritt für mich war. Auch wenn ich beruflich einen guten Selbstwert hatte, so wollte ich doch auf keinen Fall einen Fehler machen – du erinnerst dich: Was sollten denn dann die anderen oder mein Chef von mir denken …

Gerade als ich neu im Job der Abteilungsleiterin war, hat mich das ganz schön gestresst. Denn man ist ja auf einmal nicht mehr nur für die eigenen Arbeitsergebnisse zuständig, sondern auch für die der anderen. Oh Mann, meine armen Mitarbeiter. Am Anfang habe ich ganz schön kontrolliert und war, zumindest in der Rückschau von heute, ein ganz schön »harter Hund«. Dass man einfach nur Angst hat, macht das Verhalten weder besser noch erträglicher. Solltest du Führungskraft sein und jetzt gerade nicken, dann gibt es schon eine Aufgabe für dich. Nimm sie an! Sie wird dich zu einer besseren Führungskraft und deine Mitarbeiter zu einem besseren und selbstverantwortlicheren Team machen.

Aber wie können wir wieder lernen, uns nicht zu sehr

vom Ergebnis abhängig zu machen? Wie können wir wie die Kinder verstehen, dass zum Leben Fallen dazugehört? Dass es einfach keinen Sinn ergibt, nur dann loszugehen, wenn's am Ende eine Garantie fürs Gelingen gibt? Und wer soll die überhaupt ausstellen? Vielleicht geht es dir so wie mir, je länger man darüber nachdenkt, umso absurder wird es eigentlich. Und ich habe eine Idee, wie es gehen könnte, hier wieder ein Stück umzudenken.

Feiere dich ab sofort nicht für das Ergebnis einer Handlung, sondern für den MUT, dass du dich getraut hast: für das Losgehen, das Ausprobieren, das Mal sehen, ob es nicht doch geht und gut wird. Oder vielleicht auch schon mal, um zu erkennen: Ach, so geht es noch nicht, ich muss noch mal üben, mir Unterstützung suchen oder bei näherer Betrachtung ist es gar nicht das, was ich will.

Auf meinem ganz persönlichen Weg das Scheitern wieder zu lernen und eine gute Fehlerkultur zu kultivieren, brachte die folgenden Erkenntnisse zutage:

→ Die Idee des Scheiterns bleibt so lange ein theoretisches Konzept, bis du es ausprobierst. Wenn du es nicht ausprobierst, wirst du es nie erfahren.

→ Auch mal zu scheitern kann wirklich befreiend sein und du hast immer eine gute Geschichte, die du später auf der Bühne oder beim Feierabendbier erzählen kannst.

→ Jedes Scheitern war eine Erfahrung, die mich weiter an mich und meinen Wesenskern gebracht hat. Ich habe mich jedes Mal ein Stück besser kennengelernt und verstanden.

→ Das Scheitern hat mich reicher gemacht an Lebenserfahrung. Vor allem für meinen Job als Coach und Trainerin ist es ein unerschöpflicher Fundus für mich geworden.

# Vom Träumen und Scheitern

Auch das habe ich schon zweimal erlebt: Dass ich mich ganz gehörig vertan habe mit meinen Träumen und Wünschen. Man könnte auch sagen, ich bin gescheitert. Ich wiederum schaue heute drauf und denke: Geil, haste einfach gemacht!

Nach einem großartigen Urlaub in Kalifornien hatte ich das Gefühl, wow, dieses Land macht dich frei. Die Weite und der kalifornische Lebensstil hatten es mir einfach angetan. Den ganzen Tag Flipflops, Strand, Sonne und entspannter Hippiestyle. Yeah! Ich komme! Gesagt, getan: Anderthalb Jahre nach diesem Urlaub habe ich meinen sicheren Job bei der Telekom gekündigt, meine Koffer gepackt, mir ein 6-Monats-Visum in den Pass stempeln lassen und bin mit zwei Koffern und 500 Dollar Startkapital rüber nach San Diego. Es gab sicherlich viele Gründe, warum es sowieso schwer geworden wäre, dort einen Job zu finden und mir ein Leben aufzubauen – mal abgesehen von den 500 Dollar Startkapital. Aber die größte und überraschendste Erkenntnis war für mich: Trotz toller Landschaft, ständiger Sonne und entspannter Atmosphäre hatte ich totales Heimweh nach dem Dom und der Offenheit und Direktheit der kölschen Lebenskultur. Damals habe ich zum ersten Mal schmerzhaft festgestellt, dass ich durch und durch eine kölsche Seele bin, meine Wurzeln und die Liebe zu meiner Heimatstadt spüre. Vielleicht könnt ihr euch vorstellen, wie schwer es ist, vor sich selbst zuzugeben, dass man sich so dermaßen vertan hat. Ildiko von Kürthy (Autorin und Journalistin) hat mal so schön gesagt: »Manchmal muss man leider feststellen, dass man von Lebensträumen nicht zurückgeliebt wird.« Nicht schön, aber lehrreich. Fühlt sich nicht gut an, macht aber stärker und freier. Und es schult die Fehlerkultur. Das Sich-Trauen und Mal-Schauen. Hätte ich es nicht gemacht, würde vielleicht immer noch der heimliche Wunsch in mir wabern, irgendwann doch noch mal die Koffer zu packen und ein California-Girl zu werden.

Mein zweiter geplatzter Traum war mein kurzer Ausflug in den Vertrieb. Ich hatte immer das Gefühl, an mir ist eigentlich eine Verkäuferin verloren gegangen. Nachdem ich dann aus Kalifornien zurück war, habe ich mich einfach mal auf ein paar Vertriebsstellen beworben und habe nach einem passenden Vorstellungsgespräch auch die Stellenzusage bekommen. Nach einem vierwöchigen Vertriebstraining und einer zweiwöchigen Einarbeitung war klar, das wird nix. Die Herangehensweise der Vertriebsleitung hat für mich und meine persönlichen Werte ebenso wenig gepasst wie die Arbeit selbst. Jeden Tag viele Stunden allein im Auto. Dann noch das Verkaufsgebiet: sehr weit weg von meinem Wohnort UND ein kleiner Kulturschock für mich – in Siegen und im Umland gelten die kölschen Regeln der Kommunikation einfach nicht.

Ich habe nach nur sechs Wochen morgens in den Spiegel geschaut und mir eingestanden, dass das keine gute Entscheidung war. Ich war unglücklich. Ich war einsam. Das lange Autofahren, nur kurze Gespräche mit Kunden, dann noch diese seltsame Idee von Führung im Vertrieb: Mit ordentlich Druck und der Möglichkeit, viel Geld zu verdienen, wird es schon funktionieren. Es passte einfach nicht und ich habe sofort gekündigt.

Waren diese beiden Entscheidungen Fehler? Aus meiner

Sicht: Nein, auf keinen Fall. Es waren beides gute Erfahrungen, die ich nicht missen möchte. Beide Erfahrungen haben mich stärker und freier gemacht.

Wenn wir uns nicht mehr nur vom Ergebnis abhängig machen, dann dürfen wir auch einfach mal wieder ausprobieren. Manchmal kann man aus der Ferne noch nicht sehen, ob der Traum wirklich ein Traum ist, sondern erst, wenn er näher kommt oder wir auf einmal mittendrin stecken. Wir müssen es ausprobieren, riechen, schmecken, fühlen, erst dann können wir wirklich wissen, ob es passt. Wie sagen die indigenen Völker so schön: »Du musst ein Stück des Weges in meinen Mokassins gelaufen sein, sonst kannst du es nicht beurteilen.«

Damit du dich das Ausprobieren wieder traust, habe ich dir dazu eine gute Übung rausgesucht. In meinen Seminaren hat sie sich als besonders hilfreich herausgestellt, wenn es darum geht, mal zu schauen,

→ wovor genau wir Angst haben,
→ was die Hindernisse sind, über die wir fallen könnten,
→ was von alledem eigentlich wirklich realistisch ist
→ und was wir brauchen, um trotzdem loszugehen (Übung, Ressourcen, gute Wegbegleiter).

Durch die Übung wird oft auch klar, dass wir, selbst wenn das Worst-Case-Szenario eintritt, noch stehen, atmen und weitermachen können und uns am Ende davon wieder erholen werden.

Wenn ich weiß, wovor genau ich Angst habe, kann ich mir diese schon mal separat anschauen und vielleicht ein bisschen mildern. Dazu findest du im Kapitel über die »Spielverderber« entsprechende Selbstcoaching-Methoden und Ideen.

Viele Hindernisse können durch gute Vorbereitung und ein wenig Training sehr gut überwunden werden.

Und wenn ich dann auch noch schaue, was von all meinen Vorstellungen und erdachten Szenarien überhaupt realistisch ist, na, dann bleibt am Ende nicht mehr wirklich viel übrig, was uns davon abhält loszugehen. Das ist zumindest meine Erfahrung. Denn oft setzen wir uns gar nicht wirklich mit den Themen auseinander, nehmen die Angst ernster als die Möglichkeit der Überwindung. Oft erzählen wir es dann noch anderen Menschen, die empathisch nicken und sagen: »Ja, kann ich gut verstehen« oder vielleicht sogar »Das geht mir auch so, würde ich mich auch nie trauen«. Und dann wird der Glaube daran, dass es nicht möglich ist, manifest.

Es ist dann so ähnlich wie beim Warten auf die Motivation, wenn es um die Steuererklärung geht. Der MUT kommt meist nicht einfach so vorbei, während wir auf der Couch sitzen. Der MUT braucht ein klares inneres JA! und den ersten Schritt. So wie die Motivation dann kommt, wenn wir angefangen haben und die ersten Schritte gegangen sind, so gesellt sich der MUT auch eher dazu, wenn wir losgehen und nach den ersten Atemzügen merken, dass wir noch nicht umgefallen sind und noch leben. Der MUT braucht also eine Chance und die kannst nur du ihm geben. Also lass mal schauen, wie dein Worst-Case-Szenario aussehen könnte, damit du dann erkennst, welches Training und welche Vorbereitung du brauchst, welche Vorstellungen vielleicht einfach unrealistisch sind und welche Risiken wirklich zu bewerten und betrachten sind. Lass dich überraschen, was am Ende übrigbleibt, und ob es sich nicht vielleicht sogar komplett auflöst.

# Das Worst-Case-Szenario

So kannst du die Übung »Worst-Case-Szenario« für deine geplante Grenzerweiterung, also eins deiner Ziele aus dem vorherigen Kapitel, entwickeln. Ich bleibe einfach bei dem Beispiel »Vortrag halten« und leite dich wieder durch die Übung: Schnapp dir ein Blatt Papier, teile es in vier Spalten ein, und los geht's. Beschrifte nun die vier Spalten mit:

1. Worst-Case-Szenario
2. Meine Angst
3. Gegengift
4. Realitätscheck

Und jetzt darfst du deine Zweifel, Sorgen, Schreckgespenster und anderen Spielverderber noch einmal einladen und dich ganz konkret mit ihnen beschäftigen – so als würdest du alles sammeln und es dann noch mal unter einem Mikroskop genau untersuchen.

### Die erste Spalte – Worst-Case-Szenario

Befülle die erste Spalte mit allem, was aus deiner Sicht schiefgehen könnte, zum Beispiel: Ich vergesse alles und habe einen kompletten Blackout!

Das Sammeln von möglichst schlimmen Szenarien für die Spalte 1 kannst du auch gut mit einem Partner oder einer Partnerin machen. Die Aufgabe dabei ist, wirklich mal alles aufs Papier zu bringen, was uns an Pannen und üblen Situationen zu »Einen Vortrag halten« einfällt. Meist kann uns ein

Gegenüber neue Impulse geben oder heimliche und pein-
liche Gedanken entlocken. Wenn die Liste fertig ist – du
darfst sie natürlich jederzeit erweitern –, dann mache nun
den nächsten Schritt.

### Die zweite Spalte – deine Angst

In die nächste Spalte kommt nun das, wovor du Angst hast,
wenn das Worst-Case-Szenario eintritt: Ist es dir peinlich?
Schämst du dich? Denkst du, alle werden dich auslachen?
Oder hast du vielleicht sogar Angst, dass du versagst und
dann dein Job in Frage steht? Wovor genau hast du Angst,
wenn du bei einem geschäftlichen Vortrag wirklich alles vergessen würdest und einen kompletten Blackout hättest?

Auch hier ist es sinnvoll, sich Zeit zu nehmen und mal genau in sich hineinzuhorchen, was uns denn wirklich so
große Angst macht. Nimm dir den Raum und die Ruhe, einmal alles aufzuschreiben, damit es für dich transparent und
greifbar wird.

Manchmal verpufft dann auch die Angst, weil beim Aufschreiben klar wird, dass das Szenario in unserem Kopf viel
fantasievoller ist als die Realität. Oder aber die Angst, bei
einem verpatzten Vortrag von den Kollegen ausgelacht und
verhöhnt zu werden und darüber die Kompetenz und Anerkennung zu verlieren, ist genau die Sorge, die bleibt.

Vielleicht hast du so etwas schon mal in der Schule erlebt?
Dass du bei einem Referat oder einer Prüfung einen kompletten Blackout hattest und alle über dich gelacht haben?
Vielleicht hast du aber auch nur miterlebt, dass es einem
anderen Menschen so ergangen ist? Auch so eine Erfahrung
reicht manchmal aus, um eine Angst oder Scheu in unserem

limbischen System (dort werden in unserem Gehirn Emotionen verarbeitet) abzuspeichern. Auch dann reagieren wir in späteren Situationen auf die Herausforderung »Vorne stehen und sprechen« mit Angst oder Unwohlsein und versuchen die Aufgabe möglichst zu umgehen.

Es geht erst mal nur darum, Klarheit zu bekommen und zu erkennen, was dich eigentlich abhält, dein Ding zu machen. Bitte halte diese Auseinandersetzung mit deiner Angst für einen Moment aus, auch, wenn es unangenehm ist. Du bekommst im weiteren Verlauf von mir Werkzeuge, um diese Angst zu entkräften. Auch das Ausfüllen der nächsten Spalte wird dir wieder ein besseres Gefühl geben, denn nun fangen wir an, das passende Gegengift für deine Sorgen, Zweifel und Ängste zu finden und zu benennen.

### Die dritte Spalte – Gegengift

Spalte 3 lädt dich nun ein, dir eine gute Vorbereitung oder ein gutes Training gegen das Szenario aus Spalte 1 zu überlegen: Was könntest du machen, damit du beim Vortrag nicht alles vergisst?

Mögliche »Gegengifte« können auch Ressourcen in Form von Menschen oder auch Stärken und Talente sein, die du in dir trägst, aber noch nicht für ein solches Szenario genutzt hast.

In unserem Beispiel könnte die Spalte 3 folgende Inhalte bekommen:

➡ Ich bereite mich gut auf den Vortrag vor, indem ich ein detailliertes Konzept ausarbeite und mir Stichworte auf Moderationskarten notiere. (Bitte solche Karten immer durchnummerieren, denn sie könnten hinunterfallen. Alles schon passiert.) Diese kann ich nutzen, wenn ich mal nicht mehr weiterweiß.

→ Ich kann den Vortrag vor einem Testpublikum halten und schauen, wo ich noch Lücken habe oder mir Stichworte fehlen. Gleichzeitig übe ich damit den Vortrag und habe nebenbei vielleicht schon eine gute Erfahrung gemacht.

→ Für den ganz großen Notfall drucke ich mir mein Konzept aus, dann kann ich alles vorlesen, wenn ich an diesem Tag einen Blackout habe.

→ Ich erinnere mich, dass ich früher gut auswendig lernen konnte. Ich könnte einige Teile meines Vortrags auswendig lernen, damit ich auch, wenn ich nervös bin, die richtigen Worte und Übergänge finde.

→ Für den Notfall könnte ich mir einen roten Faden in die Tasche stecken und diesen dann rausholen und fragen: Kennen Sie das? Manchmal verliert man den Faden, auch wenn man sich richtig gut vorbereitet hat. Ich schaue mal kurz in meine Unterlagen und hoffe, den roten Faden dort wiederzufinden. Das lockert die Situation auf und verschafft dir ein bisschen Zeit zum Durchatmen.

Ich hoffe, du hast nun einige Ideen und Anregungen für die Spalte drei erhalten. Bitte befülle nun diese Spalte ausführlich für jedes deiner Worst-Case-Szenarien aus Spalte 1. In dieser Spalte wird sich am Ende eine gute Mischung aus Vorbereitung, Training, Ressourcen und auch Haltung oder Humor finden – eben alles, was dich unterstützt, dein Ding zu machen und der Angst etwas Hilfreiches entgegenzusetzen.

### Die vierte Spalte – Realitätscheck

In der vierten Spalte geht es nun um den Abgleich der Ängste mit der Realität und der Wahrscheinlichkeit. Bitte lies dir jetzt ganz in Ruhe alles aus Spalte 1, 2 und 3 durch und mache dann den Realitätscheck für jedes deiner Szenarien. Die Fragen dazu sind:

→ Wie realistisch ist es, dass dieses Szenario eintritt?

→ Wie viel Angst macht dir das Szenario aktuell?

→ Wie realistisch sind das Szenario und deine Angst, wenn du das Gegengift nutzt?

Hier kannst du wieder wunderbar die Skala von 0 (= keine Angst bzw. nicht realistisch) bis 10 (= größtmögliche Angst bzw. trifft auf jeden Fall ein) nutzen.

Ich denke, dir ist jetzt klar geworden, warum diese Übung einer der Schlüssel zum MUTigen Leben ist.

Weil du aus »Ich traue mich nicht« oder »Es könnte schiefgehen« einen sehr konkreten Vorbereitungs- und Trainingsplan machen kannst, damit es am Ende gut gelingt.

Weil du dich nicht länger von Pauschalisierungen wie »Da bin ich einfach aufgeregt« oder »Ich traue mir das nicht zu« von dem abhalten lässt, was du machen möchtest, sondern du dir ganz konkret die Hindernisse und Ängste anschaust, damit du dann genau diese angehen und bearbeiten kannst. Auf der nächsten Seite habe ich dir das Beispiel noch mal ganz übersichtlich in einer Tabelle abgebildet. So hast du ein gutes Muster für weitere Herausforderungen, die du mit dieser Übung durchgehen kannst.

Mit dieser Herangehensweise bekommst du ein gutes Gefühl für die Sorgen, Zweifel und Ängste, die sich durch

| WORST-CASE-SZENARIO | DEINE ANGST | GEGENGIFT | REALITÄTSCHECK |
|---|---|---|---|
| Ich vergesse alles, was ich sagen möchte. | Ich habe Angst, dass alle mich auslachen und ich dann von meinen Kollegen gemieden werde. | Ich bereite mich gut auf den Vortrag vor, indem ich ein detailliertes Konzept ausarbeite und mir Stichworte auf Moderationskarten notiere. (Bitte solche Karten immer durchnummerieren, denn sie könnten hinfallen! Alles schon passiert.) Diese kann ich nutzen, wenn ich mal nicht mehr weiterweiß. | Wie realistisch ist es, dass dieses Szenario eintritt? = 6 |
|  |  |  | Wie viel Angst macht dir das Szenario aktuell? = 8 |
|  |  | Ich kann den Vortrag vor einem Testpublikum durchsprechen und schauen, wo ich noch Lücken habe oder mir meine Stichworte fehlen. | Wie realistisch sind das Szenario und deine Angst, wenn du das Gegengift nutzt? = 0 |
|  |  | Für den ganz großen Notfall drucke ich mir mein Konzept aus, dann kann ich alles vorlesen, wenn ich an diesem Tag ein Blackout habe. |  |
|  |  | Ich erinnere mich, dass ich früher gut auswendig lernen konnte, und könnte dies mit einigen Teilen meines Vortrages tun, damit ich auch im nervösen Zustand die richtigen Worte und Übergänge finde. |  |
|  |  | Ich werde vorher schon mal einen Vortrag in einer kleinen Runde halten, damit ich ein bisschen Übung bekomme und schon mal trainieren kann. |  |
|  |  | Für den Notfall könnte ich mir einen roten Faden in die Tasche stecken und diesen dann rausholen und fragen: Kennen Sie das? Manchmal verliert man den Faden, auch wenn man sich richtig gut vorbereitet hat. Ich schaue mal kurz in meine Unterlagen und hoffe, den roten Faden dort wiederzufinden. |  |

eine entsprechende Vorbereitung, Übung oder auch nur durch das nähere Betrachten auflösen oder lindern lassen, so dass sie im Realitätscheck gar nicht mehr so bedrohlich erscheinen.

Mit diesem Handwerkszeug kannst du alle deine Herausforderungen unter die Lupe nehmen und schauen, welche Befürchtungen dich wirklich davon abhalten, dein Ding in dieser Welt zu machen, und wie du dich mit Vorbereitung, Training und auch den entsprechenden Ressourcen vielleicht trotzdem auf den Weg machen kannst.

Wenn es also darum geht, den Job zu wechseln und du dich auf eine neue Stelle bewerben willst, dann lass dir nicht länger – weder von dir selbst noch von anderen – erzählen, dass du keinen neuen findest, weil du zu alt bist, deine Kinder noch zu klein sind oder der Arbeitsmarkt zu schlecht ist, sondern erarbeite lieber das Worst-Case-Szenario dazu und beleuchte alle Schritte mit den entsprechenden Hindernissen, Ängsten, Konsequenzen, aber eben auch mit den Möglichkeiten und Ressourcen, die du einsetzen kannst.

Ich bin mir fast sicher, dass am Ende rauskommt, dass du dich bewerben wirst. Eben mit richtig guten Unterlagen und einem vorher mal geübten und gut vorbereiteten Vorstellungsgespräch. Weil du erkennst, dass du eigentlich nichts zu verlieren oder zu befürchten hast und dass am Ende den MUTigen die Welt gehört. Denn die haben sich aufgemacht, um mal zu schauen, ob es nicht doch funktionieren könnte.

Du bist trotzdem noch nicht bereit loszugehen? Dann folge bitte für einen Moment diesem Gedanken: Schau noch mal ganz genau auf das, was übrigbleibt an Ängsten und Befürchtungen, und frage dich: Mal angenommen, das

Schlimmste aus meinem Szenario würde passieren, würde ich das überstehen? Wie lange würde ich brauchen, um das zu verarbeiten? Wen könnte ich dann anrufen und mich trösten und aufbauen lassen? Was würde mir in dieser Situation guttun und helfen?

Wenn du Lust hast, mach einfach eine fünfte Spalte auf, schreibe »Joker« drüber und halte hier alles fest, was dir helfen kann, wenn dein Worst-Case-Szenario wirklich – trotz guter Vorbereitung und Training – eintrifft.

Mit diesen Gedanken gehst du einen weiteren guten Schritt in Richtung Fehlerkultur und Selbstbestimmung, denn wenn du verstehst, dass du zwar eine unangenehme Erfahrung oder einen »Fehler« machen könntest, diesen aber auf jeden Fall überleben und überstehen wirst, wenn du deinen Selbstwert nicht länger mit Erfolg verknüpfst oder sogar davon abhängig machst, sondern dich dafür belohnst, dass du es versucht hast, na, dann kannst du losrennen und es ausprobieren, oder?

Als ich mich im Sommer 2017 auf meinen bis dahin größten Speakerauftritt im Kölner E-Werk vorbereitet habe, hat mich meine Präsentationsangst im Vorfeld noch mal ordentlich eingeholt und bei einigen Auftritten besucht. Mein Mann hat mitbekommen, wie sehr mich das verunsichert und ins Zweifeln gebracht hat und wie viel Angst ich an diesem Abend vor der Angst hatte.

Bevor ich auf die Bühne ging, hat mein Mann mir noch Folgendes zugeflüstert: »Ich bin total stolz auf dich, egal wie dein Vortrag wird. Aber denk einfach daran, es wird entweder ein Mega-Vortrag, der dir danach viele Kunden und Speaker-Auftritte bringt, oder sollte es nicht gelingen – wovon ich nicht ausgehe –, dann sind es nur 18 Minuten deines Lebens. Nicht mehr!«

Mit diesem Gedanken konnte ich sehr beruhigt die Bühne rocken, denn mein Worst-Case-Szenario für diesen Abend war: Es sind NUR 18 Minuten meines Lebens und die überstehe ich auf jeden Fall! Und egal wie alle anderen es fanden, einen Fan hab ich auf jeden Fall. ☺

# Lampenfieber, Aufregung, Ängste und andere Spielverderber

In meinen Coachings versuche ich, nicht zu lange beim Thema Ängste und Sorgen zu verweilen, sondern den Blick immer auf das zu richten, was uns losgehen lässt und uns stark macht. Wie eben bei der Worst-Case-Szenario-Übung müssen wir jetzt aber noch mal kurz eintauchen in dieses Thema, damit du einen Erste-Hilfe-Koffer gegen Lampenfieber, Aufregung, Ängste und andere Spielverderber packen kannst.

Eine Frage, die ich mir oft stelle, ist, warum wir überhaupt so viel Ängste, Sorgen und Zweifel in uns tragen. Wenn ich mich so in der Welt umschaue, dann gibt es natürlich viele Orte, an denen die Angst verständlicherweise wohnt. Krieg, Gewalt und Armut machen Angst, Sorge um das eigene Wohlergehen und das der anderen und oft sogar Überlebensangst. Wenn ich jetzt allerdings in meine Welt schaue, stellt sich das ganz anders dar. Ich bin in Deutschland geboren und aufgewachsen. Mein Vater war die letzten 20 Jahre seines Berufslebens bei Ford und hat die Familie sehr gut ernährt. Es war immer alles da: ein eigenes Haus, Urlaube, regelmäßig neue Klamotten und natürlich Geschenke zu allen wichtigen Feiertagen im Jahr – guter Mittelstand sagt man dazu. Ich habe weder körperliche Gewalt noch Mangel erfahren.

Aber auch ich habe natürlich viele Sätze vernommen und Situationen erlebt, die mich verunsichert haben:

Von meinen Mitschülern habe ich gehört, dass ich zu pummelig bin und meine Haare zu kraus.

Von einigen Lehrern habe ich mir sagen lassen müssen, was ich nicht kann oder zumindest schlechter als meine Mitschüler.

Von meiner Oma wurde mir erklärt, wie ich mich zu kleiden und zu benehmen habe, damit die Nachbarn nicht schlecht über mich reden.

Unser Pfarrer hat mir mitgeteilt, dass ich niemals Messdienerin werden kann, da ich ein Mädchen bin.

Und so habe ich nach und nach gelernt, dass ich so, wie ich bin, nicht richtig bin. Dass ich als Mädchen nicht alles machen kann, was ich will. Dass es wirklich wichtig ist, was die anderen über mich denken, vielleicht sogar wichtiger als das, was ich über mich weiß und denke.

Meine Schwester ist eineinhalb Jahre älter als ich. Sie hat wahrscheinlich andere Sätze gehört und Erfahrungen gemacht, auch wenn wir eine ähnliche Erziehung erlebt haben. Wir haben uns ganz unterschiedlich entwickelt – beruflich wie privat – und jede von uns hat sich über die Jahre ihr ganz eigenes Angst-und-Sorgen-Set gebaut aus dem, was wir erfahren, gehört und erlebt haben.

Meine Schwester war nie so selbstbewusst wie ich, wenn es um berufliche Themen ging, und ich war der große Angsthase in Sachen Abenteuer, Rutschen, Radfahren, Springen und Brote vor anderen Leuten essen. Meiner Schwester war es eher egal, was die Leute über sie denken. Ich habe früher noch nicht mal Klopapier gekauft, das war mir viel zu peinlich. Ich bin mir sicher, an dieser Stelle lacht mein Mann, denn er kennt solche komischen Sorgen noch aus unserer Anfangsphase der Beziehung.

Aufgrund von Erziehung, Sozialisation, Erfahrungen und Erlebnissen bilden sich unsere Ängste und Sorgen und unser Blick auf die Welt. Wir entwickeln soziale Ängste sowie Angst und Zweifel in Bezug auf Fähigkeiten, Identität und auch Zugehörigkeit.

Was denken die anderen über mich? Was ist, wenn ich nicht mehr beliebt bin oder geliebt werde?

In Zeiten von Facebook, Instagram und Co. zählt natürlich auch, ob ich genug LIKEs bekomme oder zumindest mehr als jemand, mit dem ich mich gerade vergleiche.

Was ist, wenn ich scheitere? Was ist, wenn jemand mitbekommt, dass ich das eigentlich gar nicht kann? Was ist, wenn ich es nicht schaffe?

Wir haben Angst vorm Scheitern, Sichtbarwerden, Vornestehen oder auch Nicht-Gesehenwerden. Wir fragen uns, ob wir klug und belesen genug sind und auch, ob unser Körper schlank oder muskulös genug ist. Und obwohl keine »wirkliche« Gefahr für Leib und Leben droht, entwickeln wir immer mehr Sorgen, Ängste und Zweifel und es wird in einer Welt, in der eigentlich so viel möglich ist, für den ein oder anderen gefühlt ganz schön eng.

Wenn man in dieser Negativspirale hängt und viele dieser Sorgen, Zweifel und Ängste mit sich rumschleppt und kultiviert hat, dann ist es echt schwer, da wieder rauszukommen. Aus meiner Sicht ist der einzige Weg, langsam anzufangen, sich ab und zu etwas Neues zu trauen, ein laut ausgesprochenes Nein, die eigene Meinung sagen, zufrieden sein, obwohl der Körper nicht perfekt geformt ist. Darauf warten, dass die Ängste von selber kleiner werden, damit wir losgehen können, bringt in der Regel nichts.

Aber MUTig sein, heißt eben nicht angstfrei werden, sondern trotzdem zu gehen. Manchmal macht es sogar Sinn, der Angst freundlich Hallo zu sagen, sie zu umarmen und mal zu schauen, ob sie dadurch nicht schwächer wird. Denn oft hat sich zur Angst auch die Angst vor der Angst gesellt. Das kenne ich noch von meiner früheren Präsentationsangst nur zu gut. Dass irgendwann die Angst davor, dass diese Angst wiederkommt, mich auch schon gelähmt hat. Das Ganze potenziert sich dann und wird so groß, dass wir wirklich nicht mehr losgehen können.

Einige gute Ideen, wie man den Ängsten das Ruder aus der Hand nimmt, hat auch Dr. Stefan Frädrich, der Gründer und Inhaber von GEDANKENtanken. Ich habe ihn auf einem Event getroffen und konnte ihm ein paar Fragen zu seinem MUTmuskeltraining, zu täglichen Herausforderungen und möglichen Ängsten stellen:

Was hast du MUTiges gemacht in der letzten Zeit oder gibt es vielleicht gar nicht mehr so viel, was dich noch herausfordert oder dir Angst macht?
*Dass ich wenig Ängste habe, ist so nicht richtig, das stimmt nicht. Ich glaube einfach, dass ich mir viele Ängste im Laufe der Zeit abtrainiert habe. Das fängt an in der Schulzeit: Traust du dich auf einer Bühne zu stehen? Theater-AG beispielsweise? Traust du dir zu, eine Rolle zu übernehmen? Was ist, wenn du den Text nicht kannst? Und das zieht sich wie ein roter Faden durch mein Leben. Denn ich glaube, wenn man eine Sache einmal verstanden*

*hat – also du kannst das –, dann traust du dir den nächsten Level zu. Und das schaffen viele Leute nicht. Den Einstieg in diese Entwicklung. Und jetzt kann ich sagen, geil, wir machen eine Rednernacht in der Köln-Arena, ja super! Bist du bescheuert, würde jetzt der eine oder andere fragen? Das würde doch kein Mensch machen, wenn er vorher nicht schon ganz viele solcher Events erfolgreich gemacht hat.*

*Ich glaube einfach, dass jede Lebenssituation eine kleine Herausforderung ist und wenn du dich dem stellst, dann wirst du MUTiger.*

Was fordert dich denn noch heraus?

*Mich fordern tagtäglich Themen heraus. Gestern zum Beispiel komme ich hier an, bin todmüde und erfahre dann, dass ich zwei statt einen Vortrag halten muss und den ganzen Tag moderieren.*

*Und dann stellst du dir die Frage: Was machst du jetzt? Sollst du weinen oder machst du es einfach? Und natürlich mache ich das dann. Es fällt mir auch nicht so schwer, weil es mein Metier ist. Aber so was erleben wir doch ständig in unserem Alltag. Bei vielen ist der Reflex, ich mach die Schotten dicht, ich mache das nicht. Oder ich fühle mich überfordert. Und ich mache mir einen Spaß draus, wie bei einem Spiel, mal gucken, ob ich das schaffe.*

Das heißt, du hast eine gute Fehlerkultur und bist bereit, auch mal zu scheitern mit dem, was du tust?

*Ach, es geht ständig so vieles schief, aber nach und nach immer weniger. Und daraus lernt man dann.*

Ich brauche gar nicht zu fragen, ob es sich lohnt mit dem MUTigsein. Das sehe ich dir ja an, das scheint dein Lebenskonzept zu sein, immer wieder Neues auszuprobieren.

*Das ist ein Kernthema von mir, dass ich glaube, wenn du neugierig bist auf neue Bereiche und du traust dir neue Bereiche zu, dass du dann merkst, du gehst nicht kaputt.*

*Also, wovor haben wir denn Angst? Die Angstprogramme sind ja etwas ganz Basales. Wir haben Angst davor, dass uns der Säbelzahntiger frisst oder dass uns die Nachbarsippe mit dem Knüppel auf den Kopf haut. Aber das passiert ja heute gar nicht mehr. Wir fallen alle sanft, aber wir haben im Kopf immer noch die alten Programme und das ist oft das Problem.*

*Zum Beispiel: Du hast Angst vor Zurückweisung und möchtest eine schöne Frau ansprechen. Was passiert denn dann Schlimmes, wenn du zurückgewiesen wirst? Nichts! Die Angst machen wir uns also selbst. Und das ist Bullshit. Und das nicht mehr zu machen, ist eben eine Trainingssache.*

Was würdest du Menschen sagen, die große Angsthasen sind und diesen Trainingseffekt noch nicht entdeckt haben?

*In kleinen Schritten anfangen zu üben. Schrittchen für Schrittchen. Ich traue mich mal NEIN zu sagen, wenn der Kellner im Restaurant fragt, hat es geschmeckt. Ich sage mal meinem Chef »Da bin ich anderer Meinung«. Ich sage mal meinem Partner, hör mal Schatz, ich will das mal anders machen und bin mit dem und dem nicht einver-*

*standen. Kleine Übungen und immer wieder merken, man*
*stirbt nicht.*

Hast du ein Lieblingszitat zum Thema MUT?
*Mein Lieblingszitat, was ich seit Jahren immer wieder*
*nutze, ist von Kurt Marti:*
*Wo kämen wir hin, wenn alle sagten, wo kämen wir hin,*
*und keiner ginge, um zu sehen, wohin wir kämen, wenn*
*wir gingen.*

Hut ab, lieber Stefan, für dein tägliches MUTmuskeltraining und dafür, dass du dabei dann auch noch Zeit
gefunden hast – trotz spontanen Vorträgen und Mode-
ration – mir diese Fragen zu beantworten.

Ich kann die Aussagen von Stefan nur unterschreiben, genau
so geht's. Und gleichwohl weiß ich aus eigener Erfahrung,
dass Ängste manchmal so übermächtig sind, dass wir Hilfe
und Unterstützung brauchen, damit wir überhaupt wieder
klar denken können. Und erst dann ist ein nächster Schritt
möglich. Vielleicht bist du bei deiner Worst-Case-Übung auf
eine solche Angst oder Sorge gestoßen, eine, die sich nicht
auflöst und dir hartnäckig im Weg steht?
      Deshalb gibt es hier schon mal kleine Ersthilfen gegen
Ängste, Zweifel, Sorgen und andere Spielverderber. Mögen
sie dich so stärken, dass du danach dein MUTmuskeltraining
beginnen kannst und schon bald wieder auf dem Chefsessel
sitzt.
      Die Angst vorm Zahnarzt, vor Spinnen, vor Höhe oder
Enge, dem Fliegen oder Präsentieren kann man wunderbar

mit der Coaching-Methode Wingwave behandeln. Denn solche Ängste hängen mit unserem limbischen System, dem Emotionszentrum im Gehirn, zusammen. Meist ist dort eine sehr stressige Situation wie ein kleines Trauma abgespeichert. Unser Gehirn kann diese Situation nicht verarbeiten und als Information »ablegen«. Die Emotion bleibt im limbischen System gespeichert und ist somit oft durch einen einfachen Trigger wieder abrufbar. Da das limbische System direkt mit unserem Körper spricht, also nicht über den Neocortex und damit über unsere Ratio läuft, haben wir auch keine Chance, über Logik die Angst und die damit verbundenen Situationen aufzulösen oder zu überdenken. Das erklärt auch, warum es Ängste gibt, die eben nicht rational verständlich sind, wie eine Spinnenphobie – zumindest in unseren Breitengraden. In anderen Ländern ist es manchmal einfach eine sehr sinnvolle Angst.

Mich hat viele Jahre eine schlimme Präsentationsangst geplagt. Wenn ein Präsentationstermin anstand, dann habe ich Wochen vorher nicht mehr gut geschlafen, mit Bauchschmerzen daran gedacht und kurz davor und währenddessen war mein Stresslevel auf dem Maximum. Zittrige Stimme, Herzrasen, Schweißbäche am Rücken und im Gesicht und dazu so viel Adrenalin im Körper, dass mir oft die richtigen Worte nicht einfallen wollten. Und danach hat mein innerer Kritiker noch eine große Schleife gedreht und mich wissen lassen, was ich alles NICHT gesagt oder NICHT RICHTIG gemacht habe. Manchmal denke ich, ich wäre schon viele Jahre früher auf die Idee gekommen, Trainerin oder Rednerin zu werden, wäre diese massive Angst nicht gewesen. Die Liebe zur Bühne habe ich nämlich schon immer in mir gespürt. Ich konnte aber auch nie zuordnen, wo diese Angst herkam, denn ich hatte nie wirklich schlechte Erfahrungen mit einem Referat, einer Präsentation oder einem sonstigen Auftritt gemacht, zumindest nicht bewusst. Jahrelang dachte ich, daran kann man eben nix ändern. Ich habe trotzdem, wenn es sich nicht irgendwie abwenden ließ, präsentiert, aber fernab von Spaß, Weiterentwicklung und ohne wirklich in meiner Kraft gewesen zu sein.

Deshalb weiß ich, wenn die Angst zu massiv ist, brauchen wir vor dem MUTmuskeltraining noch mal eine gute Unterstützung, damit wir überhaupt losgehen können. Denn erst nach einem Coaching zu genau dieser Angst habe ich damals meinen ersten Vortrag gehalten und erlebt, wie es sich anfühlt zu sprechen ohne Schnappatmung. Vorne zu stehen ohne die Angst einfach umzufallen, weil es zu aufregend ist. Ein Mikro zu halten, ohne dass die Hand so zittert, dass man sich zusätzlich noch Sorgen macht, dass man es mittendrin einfach fallen lässt. Sollte dich so eine massive Angst plagen, dann investiere in ein solches Coaching, das kann wirklich lebensverändernd sein. Im Anhang findest du einige gute Adressen dazu.

Wenn deine Angst nicht zu massiv ist oder du erst mal schauen willst, wie weit du mit einem Selbstcoaching kommst, gibt es hier eine kleine Anleitung für dich.

# Selbstcoaching
# mit bilateraler Stimulation

Die EMDR Methode[*], von der amerikanischen Psychologin Francine Shapiro entwickelt, ist die Grundlage für diese Selbstcoaching-Methode. Beim EMDR wird angenommen, dass durch die bilaterale Stimulation (über Augen, Ohren oder auch über Rechts-links-Klopfen von Schultern oder Beinen) eine Synchronisation der Gehirnhälften stattfindet.

Im Selbstcoaching kann diese Methode und Erkenntnis vor allem für den Umgang mit Lampenfieber, Stress und unangenehmen Emotionen helfen und genau das kannst du sehr gut für dein MUTmuskeltraining nutzen. Lass dich einfach durch die Übung leiten und schau, ob es für dich hilfreich ist.

Nimm dir dafür bitte mindestens eine halbe Stunde Zeit und such dir einen ruhigen Ort, an dem du ungestört bist. Ich gehe jetzt das Selbstcoaching am Beispiel einer Präsentationsangst durch, denn vielen Leuten geht bei dem Gedanken, vorne zu stehen und vor vielen Menschen zu sprechen, der Puls ein wenig schneller. Du kannst es natürlich auch

---

[*] EMDR: Eye Movement Desensitization and Reprocessing (kurz EMDR, auf Deutsch ungefähr: Desensibilisierung und Aufarbeitung durch Augenbewegungen. Diese Methode wird in der Traumatherapie eingesetzt. Weiter Informationen dazu: https://de.wikipedia.org/wiki/Eye_Movement_Desensitization_and_Reprocessing

mit anderen Themen machen, je nachdem was dich gerade quält.

Bitte lasse nun die Situation – Präsentation vor 100 Menschen – vor deinem inneren Auge erscheinen. Denk daran, wie du nach vorne gehst, deinen Platz auf der Bühne einnimmst, dich alle erwartungsvoll anschauen und du anfängst zu sprechen. Bitte male dir das innere Bild, den inneren Film in allen Farben und für dich passend aus. Was kannst du sehen? Was kannst du hören? Und was kannst du fühlen? Wenn dein Stresslevel am höchsten ist, dann spüre bitte ganz genau, wo in deinem Körper du dies am meisten wahrnimmst.

Wenn du etwas mehr Übung mit der Methode hast, kannst du auch gerne dem Gefühl noch einen Punkt auf einer Skala von 1 bis 10 geben. Dabei steht 1 für ganz wenig Stress und 10 für den maximal möglichen Stress. Dann kannst du im Nachhinein gut überprüfen, wie sich das Gefühl verändert hat.

Nimm das Gefühl in deinem Körper für einen Moment wahr und starte dann mit der bilateralen Stimulation, indem du abwechselnd rechts und links seitlich an deine Oberschenkel klopfst. Bitte mach dies mit offenen Handflächen, gleichmäßig, nicht hektisch, aber doch bestimmt und zügig.

Dies machst du so lange, bis du eine deutliche Verbesserung des Gefühls in Richtung Entspannung wahrnimmst. Wichtig ist es, nicht einfach aufzuhören, nach dem Motto, es wirkt ja nicht oder es dauert zu lange, sondern so lange weiterzumachen, bis es deutlich besser wird. Besser heißt in unserem Beispiel, bis sich Entspannung einstellt und es ein deutlich anderes Ergebnis auf der Gefühlsskala gibt. Optimal ist natürlich die 1 oder sogar 0, also ganz neutral.

Mach eine kleine Pause, stehe kurz auf, bewege dich ein bisschen und trink bitte ein Glas Wasser, damit dein System gut versorgt wird und es sich neu sortieren kann. Sobald du das Gefühl hast, du könntest noch eine weitere Runde an deinem Thema arbeiten, wiederhole bitte den beschriebenen Ablauf. Meist gibt es dann an einer anderen Stelle noch mal Stress, der gelöst werden kann. Bei unserem Beispiel könnten das die folgenden Situationen sein:

→ Du verlierst den Faden und musst dich kurz neu sortieren.
→ Jemand stellt eine Frage.
→ Jemand unterbricht die Präsentation und greift deine Aussagen oder Kompetenz an.
→ Jemand schaut während du präsentierst auf sein Handy oder verlässt den Raum.

Geh einfach alle Schritte in Ruhe durch, bis hin zum positiven Ende deiner Präsentation mit Applaus. So kannst du im Grunde genommen jeden Schritt, von der Vorbereitung der Präsentation bis zum Feedback nach der Präsentation, nacheinander entstressen.

Sollte es eher schlimmer als besser werden, dann versuche es bitte noch einmal. Dann war die Intervention einfach noch nicht lange genug und dein System braucht etwas länger, um diesen Stress gut zu verarbeiten.

Sollte es bei dem Ergebnis »es ist jetzt schlimmer« bleiben, dann hole dir bitte Unterstützung von einem Coach. Ich habe es allerdings noch nicht erlebt, dass das Selbstcoaching zu einem größeren Stressempfinden geführt hat.

Was ich aber erlebe ist, dass das Selbstcoaching seine Grenzen hat, an denen wir dann doch Unterstützung von außen brauchen. Aber bis dahin ist es eine wunderbare Unterstützung, damit du deinen Weg selbstbestimmt gehen kannst.

Neben dem Klopfen kannst du auch eine entsprechende Musik für das Selbstcoaching nutzen – du weißt schon, Infos dazu im Anhang.

### Du bist ein Superstar!

Hier kommt mein persönlicher Favorit. Damit ich mich wirklich wie ein Superstar fühle, bevor ich auf die Bühne gehe, habe ich mir folgende Routine angewöhnt:

Erst mache ich 60 Sekunden lang eine sogenannte Siegerpose, davon gibt es unterschiedliche Abwandlungen, Fräulein MUT nimmt diese Pose auch des Öfteren ein:

Breitbeinig hinstellen, Hände in die Hüften stemmen oder nach oben in die Siegerpose bringen, je nach Vorliebe bzw. danach, was sich stärkender anfühlt. Du brauchst keinen Spiegel dafür, kannst aber ruhig einen nutzen. Immer so, wie es für dich passt und sich maximal gut anfühlt.

Steh einfach auf und mach direkt mit, auch wenn du keinen Auftritt vor dir hast. Es gibt eindeutige Studien und Untersuchungen dazu, dass diese Pose uns MUTiger und selbstbewusster macht, allerdings sollte sie eine Minute gehalten werden. Ähnlich wie das Anlächeln im Spiegel, wenn man nicht gut drauf ist. Hier geht der Körper vor und stellt einen Zustand dar, der nicht zum aktuellen Gefühl passt. Lange genug durchgehalten, werden entsprechende Hormone und Botenstoffe ausgeschüttet und sorgen dafür, dass die Stimmung und der Zustand sich der Körperbewegung anpassen.

Resultat, nachdem du die Siegerpose eine Minute eingehalten hast: Du bist ein Sieger! Voll super! Du kannst es jederzeit machen. Im Notfall auf der Toilette, da sieht dich niemand.

Zusätzlich habe ich dann noch eine Körperbewegung mit dem Gefühl von Dankbarkeit und Glück, das ist mein intensivster Gefühlszustand, geankert*. Dazu spreche ich mein

---

* Das Ankern ist eine mentale Technik aus dem NLP und leicht erklärt: Im Coaching kann mit dieser Technik eine Verbindung von Reiz (z. B. eine Situation) und Reaktion (z. B. wie möchte ich mich fühlen) hergestellt werden. Als Anker kann dabei eine Bewegung (z. B. den linken Daumen mit der rechten Hand festhalten) dienen. Wenn dann das nächste Mal diese Situation auftritt, kann mithilfe des Ankers die gewünschte Reaktion hergestellt werden. So kann ein guter Coach zum Beispiel das Gefühl Sicherheit so ankern, dass du auch in unsicheren Situationen darauf zugreifen kannst.

persönliches Mantra: ICH HABE WIRKLICH ETWAS ZU SAGEN!

Das zusammen wirkt dann bei mir wie ein Booster. Damit kann ich mich jederzeit in einen guten Zustand versetzen. Als jemand, der viele Vorträge hält, ist das elementar wichtig. Denn gerade bei einem großen Publikum halte ich es wie der Trainer und Speaker Tobias Beck: »Der mit der größeren Energie gewinnt!« Man sollte also in einem guten Zustand sein, wenn man ein großes Publikum begeistern und mitreißen möchte.

Nutze gerne meine Methode oder bau dir aus allem, was du bisher gelesen hast, dein eigenes Ding zusammen. Wichtig ist, dass du dich ebenfalls wie ein Superstar fühlst, denn der bist du eigentlich, vielleicht weißt du das nur noch nicht. Spätestens am Ende dieses Buches wirst auch du spüren, dass du der Superstar in deinem Leben bist. Wer auch sonst!

# Über Scham und Verletzlichkeit

Brené Brown (amerikanische Bestseller-Autorin) hat viel zu den Themen Scham, Verletzlichkeit und dazu, was wahrhaftige Beziehungen möglich macht, geforscht. Ihre Bücher und Vorträge dazu sind nicht nur inhaltlich großartig, auch die Art und Weise, wie sie ihre Forschungsergebnisse und Erkenntnisse präsentiert und sich dabei auch ganz persönlich als Mensch zeigt, ist berührend, bereichernd und erMUTigend. Als es damals so heiß herging bei mir auf der Arbeit, kurz bevor mir die Haare ausfielen, habe ich mich mit einigen Fehlern auseinandersetzen müssen, und es hat sich furchtbar für mich angefühlt. Erst später habe ich dann verstanden: Diese furchtbaren Gefühle waren Scham! Ich habe mich geschämt für den Fehler, den ich in der Vergabeunterlage übersehen habe. Es war mir zutiefst peinlich und ich hatte Angst davor, dass mein Ansehen, meine Kompetenz, alles, was ich mir bis dahin erarbeitet hatte, mit diesem einen Fehler weggewischt würden. Deswegen habe ich sehr lange versucht, diesen Fehler zu verdecken, zu beschönigen und dafür zu sorgen, dass niemand ihn zu Gesicht bekommt.

Etwas später bin ich dann auf Brené Browns Vorträge und Bücher gestoßen, habe mich damit beschäftigt und so hat sich mir einiges, was ich damals emotional erlebt habe, erklärt. Scham kann nur im Dunkeln überleben, in der Isolation. Die beste Möglichkeit, Scham loszuwerden, ist, uns damit zu zeigen und zu erfahren, dass wir trotzdem angenommen und geliebt sind. Was Scham aber zunächst in uns auslöst, ist genau das Gegenteil. Wir verstecken uns und das, was wir getan haben oder was uns widerfahren ist, wir machen ein großes Geheimnis daraus und hoffen, dass es niemand je erfahren wird. Und damit füttern wir die Scham und machen sie noch größer. Die Scham ist also letztlich die Angst vorm Getrenntsein, nicht mehr zugehörig oder vielleicht nicht liebenswert zu sein. Wir Menschen sind soziale Wesen und möchten in Verbindung und Beziehung sein. So sind wir angelegt. Ohne soziale Bindung, Empathie und Zuwendung sterben kleine Babys. Zugehörigkeit und in sozialen Beziehungen zu leben ist also ein ganz existentielles Bedürfnis für uns Menschen. Das erklärt auch, warum Scham sich so übermächtig anfühlt – weil es uns Angst macht, genau diese Zugehörigkeit zu verlieren.

Und exakt so habe ich mich damals verhalten, vollgepumpt mit Angst und Scham habe ich mit niemandem darüber gesprochen und damit die Scham immer größer und übermächtiger werden lassen. Am Ende hat es sich wirklich so angefühlt, als würde ich diesen Fehler nicht »überleben«.

Deshalb glaube ich auch, dass dies der größte Brocken ist, den es aus dem Weg zu räumen gilt, bevor man sich traut, ganz man selbst zu sein und für sich zu gehen. Zu verstehen, dass hinter vielen Ängsten am Ende die Scham steht und was sie in uns auslöst.

Seitdem ich das verstanden habe, auf allen Ebenen, auch emotional, gehe ich noch offener mit den Dingen um, für die ich mich schäme oder die mir peinlich sind. Meine Erfahrung damit? Es ist befreiend und wohltuend. Statt Trennung schafft es Verbindung und Verständnis. Wenn wir selber mit etwas vorangehen und uns zeigen, folgen meist auch andere Menschen und trauen sich, ihre vermeintliche Schattenseite, ihre Fehler oder ihr Fehlverhalten zu zeigen. Dann passiert etwas ganz Wunderbares: Die Scham wird schwächer und verschwindet, wir erfahren Annahme und Zugehörigkeit und manchmal sogar Heilung.

Ich habe damals irgendwann angefangen, über die Fehler, die auf der Arbeit passiert sind, zu sprechen. Erst ganz zaghaft mit meinem Mann und der ein oder anderen Freundin, später dann auch mit Arbeitskollegen und am Ende (wie du gerade siehst) erzähle ich es einfach allen. ☺

Wenn du also lernst, offen mit Fehlern, der Scham oder Peinlichkeit und dem Scheitern umzugehen, dann wirst du erkennen, dass diese Emotionen nicht nur ein notwendiges Übel im Leben sind, sondern eigentlich das, was wahrhaftige Verbindung möglich und echtes Leben ausmacht.

Dann bist du auf dem Weg zur wahren Freiheit, denn dann kann dich nichts mehr aufhalten, Neues auszuprobieren und deinen persönlichen Weg zu gehen.

Und von Crocodile Dundee* kannst du dir abschauen, wie sich das ganz einfach umsetzen lässt.

---

*  Crocodile Dundee – ein Krokodil zum Küssen ist ein Film aus den 8oern mit Paul Hogan.

# Die Crocodile-Dundee-Methode

Crocodile Dundee fragt seinen Freund, warum denn alle einen Therapeuten haben. Er versteht nicht, warum das nötig oder hilfreich ist. Der Freund fragt zurück: Wie machst du es denn, wenn DU ein Problem hast?

Daraufhin sagt Crocodile Dundee:

»Ich gehe in die Bar im Dorf und erzähle mein Problem dem Barkeeper. Dann passieren zwei Dinge: Erstens, der Barkeeper erzählt es jedem weiter und es ist kein Geheimnis mehr. Ich brauche mir also keine Sorgen mehr zu machen, dass es jemand erfährt, es wissen ja bereits alle.

Zweitens, weil es alle wissen, spricht mich jeder drauf an und ich rede mit allen über mein Problem. Oft habe ich danach eine neue Idee oder sogar eine Lösung zu meinem Problem. Deshalb brauche ich keinen Therapeuten.«

Im ersten Schritt braucht die Methode natürlich wieder den MUT sich zu zeigen mit dem, was für uns problematisch ist, und das ist und bleibt der erste Schritt. Aber sie ist eine gute Übung, offener mit Dingen umzugehen und weniger Angst davor zu haben, was Menschen wohl über uns denken oder sagen, wenn sie unsere Probleme oder Geheimnisse kennen.

Im ersten Schritt musst du ja vielleicht nicht gleich den Barkeeper nehmen, sondern eine dir vertraute Person und kannst so nach und nach lernen, dass du trotz Fehlern, Hinfallen oder mal so richtig Danebenhauen in Ordnung bist, genau so, wie du bist.

Und hier noch ein paar wunderbare MUTmuskeltrainingsimpulse für dich und eine bessere Fehlerkultur:

→ Was ist dir mal so richtig peinlich gewesen? Erzähle es der nächsten Person, mit der du ein längeres Gespräch hast.

→ Eine Deadline wird knapp? Dann ruf die Person an und bitte um Aufschub.

→ Mach einen Spieleabend mit deinen Freunden und fordere alle auf, ihre besten Scheitergeschichten zu erzählen.

→ Fang an, Improvisationstheater zu spielen, und lerne eine der besten Impro-Regeln am eigenen Leib kennen: Scheiter heiter!

→ Trage heute zwei unterschiedliche Socken zur Arbeit.

→ Und für die ganz MUTigen: Baue bewusst Fehler ein (z. B. Konzepte, Präsentationen) und schaue, was passiert. ☺

# Fuck Perfection

Ich möchte noch ein paar freundliche, aber sehr bestimmte Worte zum Thema Perfektion loswerden. Manchmal gehen wir nicht los, weil es noch nicht perfekt ist. Wir sprechen nicht den Menschen an, den wir großartig finden, weil wir meinen, nicht gut genug auszusehen, nicht schlank genug zu sein oder genau an diesem Tag die Haare nicht schön zu haben. Selbständige brauchen manchmal viele Monate oder sogar Jahre, um ihre Webseite freizuschalten und sichtbar zu werden. Immer wieder finden sie etwas, was noch nicht perfekt ist und noch mal überarbeitet werden muss, dann erst kann es in die Welt hinaus. Wir warten auf den perfekten Moment, in dem alles gut ist, WIR endlich gut genug sind, und dann erst erlauben wir uns loszugehen, sichtbar zu werden, die Arbeit abzugeben, jemanden anzusprechen, endlich den Job zu wechseln oder nach einer Beförderung zu fragen.

Ich habe mich vor vielen Jahren von der Perfektion getrennt, weil sie mich behindert und nicht gefördert hat, weil sie mich verunsichert und nicht unterstützt hat, weil sie mir immer das Gefühl gegeben hat, dass es eigentlich nie gut genug werden wird. Und dann macht es Sinn sich zu trennen und sich voneinander zu verabschieden. Heute bin ich sehr froh, dass sie nicht mehr mein Maßstab ist, sondern stattdessen das »Gut genug!« bei mir eingezogen ist.

Wenn das Konzept oder der Text gut genug ist, dann kann es zum Kunden oder Verlag gehen, denn ich bin ja bereit, auf dem Weg zu lernen und besser zu werden. Ich kann heute mit Freude auf meine ersten und eben noch nicht so guten

Seminare und Coachings schauen und sehen, wie sehr ich in den letzten Jahren als Trainerin und Coach gewachsen bin und wie gut ich heute im Seminar Lerninhalte und Haltung zugleich vermitteln und meine Coachees zum Wachsen, Verändern und Losgehen inspirieren kann.

Ich halte Perfektion für eine Illusion. Sie ist immer subjektiv und hängt vom Blickwinkel ab. Sie ist flüchtig und nicht greifbar. Ich habe sie noch nie gesehen und ich bin mir sicher, auch die sogenannten bekennenden Perfektionisten unter uns können berichten, dass sie sie noch nie erreicht haben und meist unter Schmerzen irgendwann die Arbeit abgegeben haben, auch wenn sie eigentlich noch nicht richtig perfekt war.

Und wenn ich schon mal dabei bin, räume ich auch noch direkt mit diesem Perfektions-Mindfuck auf:

Liebe Frauen, uns wird ja immer gerne suggeriert, dass wir auf dieser Welt sind, um möglichst perfekt auszusehen. Maximal schön, schlank, sportlich, immer die Haare toll, das Make-up perfekt, der Gang elegant, das Lächeln zwischen freundlich und verführerisch …

Und liebe Männer, euch wird gerne gesagt, dass ihr die Starken seid. Die Beschützer, die keinen Schmerz kennen, die heldenhaft im Krieg fallen oder ihren Mann im Beruf stehen, Karriere machen und viel Geld heimbringen sollen.

Ich sage, nichts davon ist wahr. Fuck Perfection. Ich glaube, liebe Männer und Frauen, der Sinn des Lebens ist es, maximal glücklich zu sein, zu lieben, zu lachen, zu schwitzen und zu tanzen, zu weinen und den Schmerz anzuerkennen und zu heilen, Freude zu teilen, Sinn zu erfahren und MUTig in dieser Welt das eigene Ding zu machen.

Dazu muss man nicht perfekt aussehen oder sein. Es reicht einfach, du zu sein! Und eben MUTig! Damit du dich auch traust.

Also halte dich lieber nicht mehr mit Perfektion auf, sondern mach es gut genug und erlaube dir, immer wieder zu wachsen und besser zu werden, und unter uns: Oft ist gut genug schon richtig gut und reicht aus.

# DER WICHTIGSTE MENSCH IN DEINEM LEBEN BIST DU!

## DIE KAPITELVORSCHAU – KURZ UND KNACKIG

MUTmuskeltraining ist gelebte Selbstliebe – denn nur, wenn wir für uns selbst wichtig und wertvoll sind, werden wir für uns und unsere Bedürfnisse einstehen. Veränderung und Wachstum entstehen nicht aus Abwertung, Härte und Druck sich selbst gegenüber, sondern aus Mitgefühl und einem liebevollen und wertschätzenden Blick auf sich selbst und den eigenen Weg. Wenn diese Abwertung und Ablehnung tief sitzt, dann braucht der neue Blick auf sich selbst Geduld und Übung und genau das kannst du in diesem Kapitel trainieren. Verliebe dich wieder neu in dich selbst – denn du bist der wichtigste Mensch in deinem Leben und solltest dir selbst der beste Freund und Wegbegleiter sein.

# Sich selbst annehmen und lieben – nichts schwerer als das!

Ich hoffe, ich konnte dir schon ein bisschen Lust auf ein MUTigeres Leben machen inklusive Hinfallen? Vielleicht hast du auch schon angefangen zu trainieren? Das würde mich sehr freuen. Immer dran denken, die kleinen Schritte – stetig gemacht – führen am Ende zu den großen Sprüngen. Das Wichtigste ist das Losgehen und Dranbleiben, der Rest wird folgen und sich entwickeln.

Und mit diesem Kapitel gibt es wieder einen wichtigen Schritt im MUTmuskeltraining. Wie verankerst du das Erlebte und Erlernte in deinem System? Schaust du liebevoll auf dich und deine Entwicklung und ermöglichst damit Freude und Begeisterung für die nächsten Schritte oder darf dein innerer Kritiker bei dir ganz frei alles aussprechen und dich abwerten, vielleicht sogar beschimpfen und wenig liebevoll mit dir umgehen?

Viele Menschen glauben immer noch, nur mit viel Härte, Disziplin und Druck komme man vorwärts. Ich finde, das Gegenteil ist der Fall. Viele Studien zeigen genau das auf: Wenn wir nach einem Fehltritt wertschätzend mit uns sprechen, dann ist die Wahrscheinlichkeit, dass wir dranbleiben, viel größer, als wenn wir möglichst hart mit uns ins Gericht gehen. Leider bekommen die meisten von uns etwas ganz anderes beigebracht oder schauen sich etwas anderes ab.

Ich hatte einen sehr auf Leistung und Disziplin gedrillten Vater. Einer seiner Lieblingssprüche war immer »Was uns nicht umbringt, macht uns nur härter«. Er hat das wirklich geglaubt und ich kann das gut verstehen. Für ihn war härter gleichbedeutend mit überleben, es schaffen, nicht verletzbar sein und damit eben stärker als die Herausforderungen, die das Leben ihm gestellt hat. Er ist noch im Krieg großgeworden und hat demnach komplett andere Erfahrungen gemacht und eine entbehrungsreiche Zeit erlebt. Sicherlich hat der Tod seines ersten Kindes nicht dazu beigetragen, dass er sein Herz mehr öffnen und mit sich einen liebevolleren Umgang finden konnte. Seine täglichen Routinen und sein diszipliniertes Leben haben ihm Struktur und Sicherheit gegeben. Er hat sich selbst immer wieder herausgefordert, sei es beim Wandern, Schwimmen, früh Aufstehen oder dem besonders langen Saunagang. Das waren seine Erfolge gegen Faulheit, Müßiggang und dagegen sich selbst nicht im Griff zu haben. Ich denke, mein Vater hatte einen starken inneren Kritiker, der ihn ordentlich angetrieben hat.

Vielleicht könnt ihr euch vorstellen, dass ich einiges davon in mein »Glaubenssystem« übernommen habe. Ich war früher ebenfalls getrieben vom Durchhalten und bloß nicht Aufgeben, nur keine Schwäche zeigen und immer schön stark sein. Als meine Haare ausfielen, war dies sicherlich eine der großen Herausforderungen, mich allen so zu zeigen. Öffentlich zu zeigen »Bei mir stimmt gerade etwas nicht, ich bin krank«. Zuzugeben, ich habe es gerade nicht im Griff, weder mein Leben noch mich. Das war ein schwerer, aber eben auch ein heilsamer Schritt für mich.

Damals konnte ich das für mich noch nicht alles sortieren: Was der liebevolle Blick auf mich auch mit meiner Fehlerkultur zu tun hat. Warum mir die Meinung der anderen immer wichtiger war als meine eigenen Ideen, Gedanken und Bedürfnisse. Warum ich mich immer verglichen habe und alle anderen besser, schneller, schöner und erfolgreicher fand. Und warum, in Gottes Namen, ich auf der einen Seite sehr furchtlos sein konnte und auf der anderen Seite Klopapier kaufen oder eine Currywurst essen für mich nicht ohne Peinlichkeit und Scham möglich war. Hier kommt mein Erklärungsversuch, denn ich weiß, die meisten Menschen kämpfen mit ähnlichen Gedanken und Fragen. Tausche Currywurst und Klopapier einfach gegen das aus, was dir peinlich ist, und schon sind wir im Geschäft.

Ich möchte es so zusammenfassen: Immer dann, wenn wir vertrauen, an uns glauben, uns erlauben auch hinzufallen und wieder aufzustehen, wenn wir uns in unserer Verletzlichkeit zeigen, damit die anderen uns wirklich sehen können, dann sind wir in der Liebe und im Vertrauen. Dann lieben und schätzen wir uns selbst, vertrauen uns und dem Leben und glauben daran, dass wir wertvolle und wunderbare Menschen sind, die es verdient haben, geliebt und anerkannt zu werden, einfach nur, weil sie da sind.

Immer dann, wenn wir uns schämen, uns abwerten, Sorgen und Zweifel hegen, nicht an uns glauben, uns für unzureichend und alle anderen für schöner, klüger und erfolgreicher halten, dann sind wir in der Angst. Dann glauben wir, wir sind nicht gut genug und haben es eben nicht verdient, geliebt, erfolgreich und glücklich zu sein.

Wir bewegen uns immer zwischen diesen beiden Polen von Liebe und Angst. Jeder Mensch – je nach Entwicklung, Reife und Lebenserfahrung eben mal stärker auf der einen oder anderen Seite.

Ich habe irgendwann auf einer tieferen Ebene verstanden: Wenn ich mich selbst lieben lerne und annehmen kann, genau so wie ich bin, dann erscheint mir das, was andere über mich denken, nicht mehr so wichtig. Ich bin von deren Anerkennung und Liebe nicht mehr abhängig. Das heißt nicht, dass ich nicht zugehörig sein möchte und Freundschaft, Beziehung und Liebe erleben möchte, es heißt lediglich, dass meine Welt nicht zusammenbricht, wenn jemand sagt: Ich finde dich oder dein Verhalten gerade nicht gut oder richtig! Und das bedeutet auch, dass ich nicht mehr denke, mein Mann liebt mich nicht, nur weil er mir ein Bedürfnis nicht erfüllt. Heute darf er auch Nein zu etwas sagen, ohne dass ich es persönlich nehme. Ich durfte lernen: Sein Nein zu etwas ist meist ein Ja zu sich selbst. Hat also erst mal nix mit mir zu tun. Herrlich befreiend.

Wenn ich mich also liebe und gut und richtig finde, dann kann ich gut damit leben, dass mich Leute auch mal doof, dick oder unfreundlich finden.

Wenn ich mich in Ordnung finde, dann kann ich auch andere Menschen annehmen und gut finden, mit allen ihren Eigenheiten und Besonderheiten. Das wiederum heißt nicht, dass ich immer mit allen Menschen zurechtkomme, sie in meinem Leben haben möchte und Freundschaft schließe. Aber es heißt sehr wohl, dass ich jedem seinen Raum zugestehe und ihn als Mensch annehmen kann, ohne ihn oder sie abzuwerten.

Wenn ich mich wirklich selber wertschätze, dann gebe ich mir den Raum zu lernen, Dinge auszuprobieren und auch mal hinzufallen. Ich vertraue mir ja, dass ich auch wieder aufstehen werde, und weiß, wenn ich es mal nicht alleine schaffe, dass ich bereit bin, Hilfe und Unterstützung anzunehmen.

Wenn ich über mich glaube, dass ich ein wirklich großartiges Leben verdient habe, dann erlaube ich mir so erfolgreich und glücklich zu sein, wie es eben in diesem Leben möglich ist. Dann kann ich mein Ding machen und das in die Welt bringen, was zu mir passt. Dann kann ich so groß, bunt und laut sein, wie ich möchte.

Und wenn du mich jetzt fragst, wie hast du das geschafft? Dann kann ich nur sagen: Habe ich noch nicht. Ich bin auch auf dem Weg, genau wie du, aber ein Stück des Weges liegt bereits hinter mir.

Und ich gehe jeden Tag einen Schritt weiter in diese Richtung. Und für mich ist das MUTmuskeltraining das Vehikel dafür. Ich traue mich jeden Tag ein Stück mehr, ich selbst zu sein. Ich erlaube mir aus vollem Herzen zu leben und mich zu zeigen, mit allem, was zu mir gehört. Für mich hat das den Geschmack von Freiheit und Glück und das ist echter Genuss. Vielleich kannst du ihn auch schon schmecken? Oder riechen? Oder du kannst es fühlen?

Und falls nein, dann lass uns doch mal gerade eine kleine Übung* miteinander machen:

Schließe für einen Moment die Augen und atme tief ein und aus. Schau mal, wo du in deinem Körper eventuell Spannung oder Anspannung wahrnimmst. Und dann atme mal ganz bewusst dorthin und erlaube dir an dieser Stelle ein

---

* Ich habe dir diese Übung aufgesprochen und du kannst sie dir
  einfach als Audio-File runterladen und mit mir zusammen machen.
  Im Anhang findest du den Link dazu.

bisschen weicher zu werden. Lass die Schultern sinken, den Atem tiefer werden und deinen Körper weich und locker.

Und für einen Moment stelle dir mal vor, du wärst genau richtig, so wie du bist. Es gibt gerade nichts zu tun, nichts zu optimieren, nichts zu verändern. Du bist genau richtig, so wie du bist. Und für einen Moment glaubst du daran, dass du das, was wichtig für dich und deinen Weg ist, bereits weißt und kannst. Dass du das, was du zukünftig brauchst, einfach lernen wirst, so wie du es brauchst und es dir dient. Atme noch mal tief durch und spüre, wie sich das anfühlt. Kannst du es spüren? Dass du so ganz wunderbar bist, wie du gerade bist. Kannst du Liebe für dich selbst spüren? Wo in deinem Körper kannst du sie fühlen? Kannst du sie noch größer, heller, intensiver, weiter machen?

Und wenn dich dieses Gefühl wirklich ganz erfüllt und du es in jeder Zelle spüren kannst, dann frage dich doch bitte:

➜ Was möchte ich als Nächstes machen?

➜ Was traue ich mir alles zu?

➜ Was möchte ich gerne ausprobieren, erleben und erfahren?

➜ Welchen Schritt möchte ich machen?

Wenn du innerlich zu den Fragen Antworten bekommen hast, dann atme noch mal tief ein und aus, öffne langsam die Augen und mache dir dazu ein paar Notizen.

Vielleicht stellst du fest, dass einiges möglich wird, wenn alles da ist und du gut bist, genau so wie du gerade bist? Dass du Schritte oder Ideen notiert hast, die du sonst unter »später«, »irgendwann mal« oder »dazu muss ich vorher

noch ——————————————— machen / lernen / abnehmen«
gespeichert hattest?

Mit einem liebevollen Blick auf uns selbst gehen auf einmal viele Türen auf. Auch Fehler zu machen oder mal nicht
direkt ein perfektes Ergebnis abzuliefern verliert damit oft
seinen Schrecken. Wenn die Zweifel an uns selbst, unserem
Können, unserem Körper und Aussehen und auch die Sorgen, was wohl die anderen denken, weniger werden, dann
ist ein guter Schritt in Richtung selbstbestimmtes Leben gemacht.

Falls du aktuell weit davon entfernt bist, gerade zu spüren, dass du genau so in Ordnung bist, wie du nun mal gerade bist, dann bitte ich dich diese Übung öfter zu wiederholen. Und falls du dann immer noch nicht spüren kannst,
wie wunderbar du bist, weil die Selbstabwertung zu tief
sitzt, dann gönn dir an dieser Stelle von einem Profi Unterstützung und arbeite mit ihm oder ihr an diesem Thema
weiter.

Und ich biete dir hier noch einen kleinen gedanklichen
Umweg, vielleicht kann dir das auch schon helfen: Ich kann
es gerade nicht in mir spüren, aber mal angenommen, es
wäre da, was glaube ich denn, wie es sich anfühlt? Wo
könnte ich wohl spüren, dass ich in Ordnung bin? Wie
würde sich das genau anfühlen? Groß? Weit? Warm? Ange-
nehm?

Dann gehst du nicht über die eigene Wahrnehmung an
das Thema heran, sondern über die Vorstellung und Phantasie, wie es wohl sein könnte. Das ist eine gute Übung, um
deinem Körper und deinen Synapsen einen anderen Blick
auf dich vorzuschlagen. Oft genug trainiert und geübt, wer-

den sich neue Bahnen anlegen und irgendwann kannst du es wirklich spüren. Es braucht eben Geduld und Training. Aber du kannst das schaffen!

Mein Kampf mit meinem Gewicht hat reichlich Selbstzweifel und Abwertung mit sich gebracht. Und natürlich wünsche ich mir oft, dass diese Zweifel und Abwertungen einfach mal über Nacht verschwinden und die Pfunde mitnehmen.[*]

Leider ist das bis heute nicht passiert. Was ich aber wahrnehme ist, je mehr ich mich auch mit diesem offensichtlichen »Nicht-im-Normbereich«-Sein akzeptieren kann, umso weniger Stress habe ich damit. Je weniger Stress ich damit habe, umso weniger esse ich aus den falschen Gründen das Falsche. Je weniger ich aus falschen Gründen das Falsche esse, umso kleiner wird mein Problem, das ja sowieso keins mehr ist, wenn ich es annehmen kann.

Da raucht einem fast der Kopf, oder? Gerade wenn man die Schleife »Wenn ich endlich abnehme, dann kann ich mich schön finden, und wenn ich mich schön finde, na, dann kann ich mich auch akzeptieren und lieben« lange genug gefahren ist, wird das Umdenken eine Herausforderung. Dann hat man diese sechsspurige Gedankenautobahn im Gehirn und es fällt wirklich schwer, eine Ausfahrt zu finden. Hier kommt wieder das MUTmuskeltraining ins Spiel. Denn obwohl wir Angst, Sorgen und Zweifel haben und uns viel-

---

[*]    Liebe Diät-, Fitness- und Life-Changing-Coaches! Dies ist kein Ruf nach Hilfe. Ich melde mich bei euch, wenn ich Unterstützung haben möchte. Alle Diät- und Stoffwechselangebote lehne ich hiermit schon mal pauschal und dankend ab.

leicht noch nicht ganz annehmen können, wie wir nun mal gerade sind, wenn wir den MUT haben, trotzdem loszugehen, dann hindern uns diese alten Muster nicht mehr, Neues zu erleben und zu erfahren.

Wie du weißt, hatte ich im Sommer 2017 meinen großen Speaker-Auftritt. Ich durfte für die GEDANKENtanken-Rednernächte im Kölner E-Werk auf die Bühne und vor 1000 Menschen sprechen. MEGA! Unglaublich! Abgefahren!

Nach der ersten großen Freude kam gleich mal die große Ernüchterung. In dieser Zeit hatte ich mein Höchstgewicht erreicht. Und nu? Ich kann die Geschichte abkürzen: Schnell abnehmen hat nicht geklappt. Der Stress und Mindfuck über das Gewicht inklusive Vorbereitung auf diesen Tag hat eher dazu geführt, dass sich noch zwei bis drei Kilo dazugesellt haben.

Was soll ich sagen? Ich habe den Vortrag natürlich trotzdem gehalten, Gewicht hin oder her. Ich habe mich noch mal gefragt, warum machst du das, Tanja? Und die Antwort ist tatsächlich nicht, damit alle meinen schlanken Körper bewundern. Nein, ich möchte die Herzen der Menschen erreichen. Ich will die frohe Botschaft unter die Menschen bringen, dass MUT eine wichtige Kompetenz ist, jederzeit erlern- und trainierbar, und dass er uns frei macht. Dass so vieles möglich wird, wenn wir uns nur trauen. Und ich möchte meine Geschichte erzählen, um voranzugehen und den Weg zu bereiten.

Wird meine Message besser mit weniger Gewicht? Wahrscheinlich nicht. Wäre ich fitter und müsste nicht so lange nach der passenden Garderobe suchen? Sicherlich ja. Werde ich irgendwann wieder weniger wiegen? Vielleicht. Will ich mich trotzdem so lieben und annehmen, wie ich gerade bin? Auf jeden Fall. Denn es ist sowieso gerade, wie es ist. Ob ich es nun freudig annehmen kann oder dagegen kämpfe, das ändert nichts an dem, wie es nun mal gerade ist.

Mein Trainerkollege Denys Scharnweber – du kennst ihn schon aus dem Interview über den FührungsMUT – bringt etwas sehr Wichtiges wunderbar auf den Punkt:

Es ist, wie es ist!

Sobald wir es bewerten, wird es zum Problem. Wenn wir aber dabei bleiben können, dass es eben gerade so ist, wie es ist, dann ist es einfach ein Zustand. Von diesem können wir wie von einem Standort aus losgehen und etwas verändern, wenn wir es denn wollen. Aber es bleibt erst mal ein Zustand und wird nicht automatisch zum Problem, denn es ist ja sowieso so, wie es gerade ist. Probiere es einfach aus, wenn du dich beim nächsten Mal über etwas ärgern willst, und sei überrascht, wie dieser Blickwinkel für Entspannung sorgt und die Dinge sofort relativiert. Sobald du rauskommst aus der negativen Bewertung und dem Problemdenken, wirst du vielleicht merken, dass das Annehmen dessen, was ist, nur noch einen Katzensprung entfernt ist.

Ich denke, die Message ist angekommen: Entwicklung, Wachstum und das Sprengen der Grenzen der eigenen Komfortzone werden nur möglich, wenn du dir selbst ein guter Wegbegleiter und Freund wirst. Ich habe hier einiges für dich gesammelt, was du ausprobieren kannst. Lass dich inspirieren und schaue einfach, was dir persönlich hilft, Mitgefühl, Liebe und Wertschätzung für dich selbst zu finden und dich wachsen zu lassen.

# Selbstliebe-Meditation

Die Idee dieser Meditation stammt aus der buddhistischen Lehre und wird auch »Die liebende Güte« genannt. Ich habe sie über meinen Akupunkteur kennengelernt.

Ich habe sie allerdings für mich etwas verändert, so wie es für mich am besten passt. Deshalb kennt vielleicht der ein oder andere sie in einer anderen Form und auch wenn ihr im Netz recherchiert, werdet ihr ganz unterschiedliche Versionen finden. Meine Version möchte ich dir hier mitgeben. Ich habe viele Jahre immer wieder damit gearbeitet, bis ich mehr und mehr eine Annahme und Liebe für mich spüren konnte.

Nimm dir wieder etwas Zeit und einen Raum, in dem du ungestört sein kannst. Schließe die Augen und lenke deine Aufmerksamkeit auf deinen Atem, erst mal ohne ihn zu verändern. Gerne kannst du dann etwas tiefer und langsamer atmen und deinen Körper so in einen entspannten und ruhigeren Zustand bringen.

Stelle dir nun vor deinem inneren Auge jemanden vor, den du bedingungslos annehmen und lieben kannst. Ich habe mir früher meine kleine Nichte kurz nach der Geburt vorgestellt oder meinen Mann Peter, beides hat für mich eine ähnliche Qualität, wenn es um Annahme und Liebe geht. Schau einfach, wer für dich passt.

Für alle Menschen, die sich sehr mit ihren Tieren verbunden fühlen, ist es natürlich auch möglich, sich eine Katze, einen Hund oder ein Pferd vorzustellen.

Manchmal ist es einfacher, uns bei dieser Übung kleine Kinder oder sogar unsere Kinder als Babys vorzustellen. Ein kleines Baby bedingungslos anzunehmen und zu lieben, fällt oft nicht schwer. Erst später mischen sich die Bewertungen und Erwartungen zur Liebe und dann kann es eben sein, dass uns die bedingungslose Annahme zunehmend schwerer fällt oder verloren geht.

Lass also nun diese Person vor deinem inneren Auge erscheinen, schau sie dir genau an und beginne, mit jeder Körperzelle diese Liebe und bedingungslose Annahme zu spüren. Spüren und atmen, spüren und atmen, spüren und atmen.

Vielleicht formt sich gerade ganz von alleine ein Lächeln auf deinem Gesicht oder ein besonders warmes Gefühl im Brustraum. Vielleicht wird auch dein ganzer Körper warm oder es laufen ein paar Tränen. Was auch immer passiert, alles ist richtig und gut. Einfach weiterspüren und atmen. Bleibe so lange in dieser Phase, wie es für dich passt. Wenn du spürst, dass du weitergehen kannst, dann behalte nun das Gefühl der bedingungslosen Liebe und Annahme und wechsle sozusagen nur das innere Bild aus.

Du spürst weiterhin die Liebe und Annahme und versuchst nun, dich selbst zu sehen. Wenn es nicht sofort klappt, gib dir ein bisschen Zeit. Auch hier brauchen wir Übung, also Training, gerade wenn du so etwas vielleicht zum ersten Mal ausprobierst. Manchmal funkt uns hier der Verstand dazwischen und möchte uns noch mal erklären, dass ja genau das – also die Liebe und Annahme – nicht möglich ist, weil wir ja noch nicht perfekt genug, erfolgreich, schlank oder schön sind. Lass diese Gedanken wie Wolken weiterziehen und versuche im Gefühl zu bleiben und dabei dich selbst zu sehen.

Du wirst sehen, wenn du es ein paar Mal geübt hast, wird es dir zunehmend leichter fallen und schneller gehen.

Wenn du ein paar Minuten in dem Gefühl von Liebe und Annahme mit deinem Bild warst, kannst du dich bei dir bedanken, noch ein oder zwei Atemzüge nehmen, die Augen öffnen und mit deinem Bewusstsein wieder in den Raum zurückkehren.

Je öfter du diese Übung oder Meditation machst, umso mehr wird sich das Gefühl mit deinem Bild verknüpfen und es wird dir zunehmend leichter fallen, liebevoll auf dich zu schauen.

Du kannst die Übung auch ausweiten und dir andere Menschen oder sogar das ganze Universum vorstellen und im Gefühl der Liebe und Annahme bleiben. Gerade um das eigene Mitgefühl mit uns und den anderen Menschen auszubauen, ist dies hilfreich und eine wunderbare Praxis. Ich beende diese Meditation immer mit den Worten aus einer Mitgefühls- oder auch Meta-Meditation:

Mögen ich und alle Menschen sicher sein.
Mögen ich und alle Menschen gesund sein.
Mögen ich und alle alle Menschen glücklich sein.
Mögen ich und alle Menschen ihr Leben mit
Leichtigkeit und Freude leben.

Auch diese Übung habe ich dir als Geschenk aufgesprochen und du kannst dir die Meditation einfach kostenfrei runterladen und anhören. Den Link dazu findest du im Anhang.

# Eine Liebeserklärung an dich

Kennst du Paula Lambert? Viele kennen sie als Sex-Coach von Sixx. Sie ist Journalistin und hat unter anderem ein wunderbares Buch über die Eigenliebe geschrieben. Ich bin 2014 einem Aufruf von Paula Lambert gefolgt. Sie hat damals die Kampagne #Paulaliebtdich gestartet. Es ging um Eigenliebe und das Annehmen des eigenen Körpers, wie er nun mal ist. Ich habe also einen Liebesbrief an mich selber geschrieben und diesen eingereicht und was soll ich sagen, er wurde damals in der ›Freundin‹ abgedruckt.

Das war wirklich toll, nicht nur einfach in einer Zeitschrift abgedruckt zu werden, sondern zu einem so wichtigen Thema – gerade für uns Frauen und vor allen Dingen auch für mich.

Vielleicht hast du auch Lust, eine Liebeserklärung an dich zu schreiben? Nun geht es für dich vielleicht nicht um die Annahme deines Körpers, vielleicht halten dich andere Dinge davon ab, MUTig dein Leben zu gestalten und deinen Weg zu gehen. Versuch doch mal, einen Liebesbrief an dich selbst zur verfassen, und wenn es dir besonders schwerfällt, na dann bleib dran. Da, wo es Widerstand gegen etwas gibt, ist meist großer Bedarf und ein Lernfeld für uns.

Frage dich, für was du dir heute deine Liebe aussprechen willst, und bringe es zu Papier. Was macht dich stolz und glücklich an dir selbst? Manchmal ist es auch hilfreich, die Inhalte des Briefes mit jemandem zu teilen. Vielleicht magst du den Brief jemandem vorlesen, der dir nahesteht? Oder ihn dir aufhängen, da, wo du ihn immer sehen kannst.

Versuch es und schau, ob dein Blick auf dich sich verändert und du freundlicher und liebevoller mit dir werden kannst.

Hier kommt mein Brief von damals, unzensiert und in voller Länge, möge er dich inspirieren, auch einen an dich zu schreiben:

*Liebe Tanja,*

*weißt Du noch, wie unwohl Du Dich früher in Deinem Körper gefühlt hast? Du fandest jede andere Frau schöner, schlanker und begehrenswerter als Dich. Wenn ich mir heute Fotos von Dir aus dieser Zeit ansehe, dann bin ich überrascht, wie gut Du ausgesehen hast. So schlank, jung, schön und strahlend! Leider konntest Du dies damals weder sehen noch spüren. Viel zu sehr warst Du damit beschäftigt, Dich zu vergleichen mit allem, was die Presse, das Fernsehen oder zu dünne Freundinnen zu bieten hatten. Jeder Teil Deines Körpers wurde kritisch überprüft und für nicht gut genug befunden. Die Brüste waren nicht rund genug, die Beine nicht gerade, der Hintern von je her zu dick. Sogar Deine Locken, die Du heute so liebst, waren Dir das ein oder andere Mal zuwider, hatten doch die ganzen schönen Frauen lange, glatte und seidige Haare.*

*Damit hat damals der Kreislauf von Hungern und Essen begonnen. Zwischen dieser Zeit und heute liegen unendliche Diätversuche, die meisten davon sind gescheitert und haben Dich beschämt über Dein Versagen und Deinen immer dicker werdenden Körper zurückgelassen. Aus 50 Kilo, die Du nur mit viel Hungern halten konntest, wurden so über die Jahre über 120 Kilo. In dieser Zeit hast Du Dich als Frau ganz hintenangestellt. All Deine Kräfte hast Du gebündelt und in Deinen Job gesteckt.*

*Heute, nach viel Arbeit mit Dir und an Dir kannst Du endlich ein lautes und deutliches JA zu Dir als Mensch, als Frau und zu Deinem Körper spüren und sagen, auch wenn er nicht perfekt ist. Liebevoll kannst Du ihn heute anschauen und Deine Schönheit sehen und annehmen. Liebe Tanja, ich finde Dich einfach wunderbar und bin stolz auf den langen, mutigen und schwierigen Weg, den Du zu Dir gegangen bist.*

*Du bist schön, innen wie außen!*
*Deine Tanja*

# Noch mal ganz neu verlieben

Ich möchte dich einladen, dich wieder ganz neu in dich selbst zu verlieben, in den Mann oder die Frau deines Lebens. Schau dir Kinderbilder von dir an und erinnere dich an deine Abenteuer und Träume und an all das, was du auf dem Weg bis heute erlebt hast. Fang wieder an, stolz und freudig an dich und alles, was du erreicht hast, zu denken. Feiere dich mal wieder für all die Erfolge, die schon hinter dir liegen, und versprich dir, den nächsten Schritt und Erfolg gebührend im Hier und Jetzt zu feiern. Und wenn dir in nächster Zeit mal jemand ein Kompliment macht, dann wisch es nicht weg, sondern nimm dir einen Moment Zeit, spüre es mal wirklich und lass die Freude darüber zu.

Vielleicht magst du dir einen kleinen Block neben dein Bett legen:

→ Schreibe dir abends eine Sache auf, die du an diesem Tag toll gemacht hast, und mach dir dafür selbst ein Kompliment. Schreibe ganz konkret auf, was daran gut war und wie du es gemeistert hast.

→ Schreibe eine Sache auf, die nicht gut gelaufen ist, und verzeihe sie dir. Vielleicht magst du dir auch gleich versprechen, es trotzdem noch mal zu versuchen?

→ Schreibe dir jeden Morgen eine Sache auf, die du besonders an dir liebst.

→ Auch Komplimente, die du von anderen bekommst, kannst du gerne notieren und in deine Schatzkiste für Zeiten packen, in denen du Zuspruch brauchst. Manchmal erhalten wir gerade in Phasen, in denen wir es besonders nötig hätten, keine gute und nährende Rückmeldung von außen. Dann hast du sozusagen einen Vorrat angelegt.

Vielleicht wunderst du dich gerade ein wenig? Da hast du dir ein Buch mit dem Titel MUTmuskeltraining gekauft und hast viel mehr »Tschakka, du schaffst das!« erwartet. Stattdessen sollst du dich jetzt selbst lieben, annehmen und Meditationsübungen machen? Ich erkläre dir gerne, warum es so wichtig ist und warum »Tschakka, du schaffst das« eben ein bisschen zu kurz gedacht ist für eine nachhaltige und tiefe Veränderung.

Ich glaube, MUT entsteht im Herzen. Ein Leben zu erschaffen und zu führen, das zu dir passt, kann nur entstehen, wenn du dich selbst liebst, achtest und eine gute Beziehung mit dir pflegst.

Wir Menschen können ohne Liebe und Wertschätzung nicht leben. Wenn du diese nicht auch für dich in dir trägst, dann wirst du immer die äußeren Quellen anzapfen müssen und bist ausgeliefert, je nachdem, auf wen du triffst. Dann musst du dich verbiegen und Bedürfnisse erfüllen, denn du bist ja abhängig davon, dass von außen Wertschätzung, Anerkennung und Liebe kommt.

Wenn du aber bereit bist, die Wertschätzung und Liebe für dich in dir selbst zu finden und wachsen zu lassen, dann kannst du dir als reifer Mensch vieles davon selbst geben. Und dann wirst du dir wieder so wichtig, dass du bereit bist, zu dir zu stehen, egal was die Nachbarn sagen. Dann kannst du unabhängig und frei agieren und aushalten, dass auch mal jemand nicht klasse findet, was du gerade machst.

Es ist also kein Nice-to-have, sondern ein Must-have. Es

ist etwas, das immer wieder ins Wanken gerät und gepflegt werden möchte. Und es ist das, was sich am meisten lohnt. Solltest du wenig Zeit haben oder gerade nicht so viel umsetzen können und nur ein einziges Thema aus diesem Buch nutzen wollen oder können, dann lass es bitte dieses sein.

## Sei dein eigenes MUTiges Vorbild

Ich gehe jetzt mal einfach davon aus, dass du nach den vorherigen Übungen dermaßen in dich verliebt bist, dass du sowieso nicht mehr nach rechts und links schaust und nur noch Augen für dich selber hast.

Aber falls du doch noch schaust, wer alles neben dir besser, größer, erfolgreicher und auf jeden Fall MUTiger und furchtloser durchs Leben geht, dann lies weiter.

Ich habe es im Laufe des Buches bereits erwähnt und bin mir sicher, auch andere Menschen haben es dir schon ans Herz gelegt, aber zur Sicherheit hier noch mal ganz laut und deutlich: HÖR AUF, DICH MIT ANDEREN ZU VERGLEICHEN! Es macht unzufrieden und es hat keine Relevanz für deine Entwicklung, du bringst dich damit keinen Schritt vorwärts. Der dänische Philosoph Søren Kierkegaard hat das schon vor fast 200 Jahren genau erkannt: »Das Vergleichen ist das Ende des Glücks und der Anfang der Unzufriedenheit.«

Ich war früher Weltmeisterin im Vergleichen. Ich habe meine krausen braunen Haare mit den glatten, goldenen und fließenden Haaren meiner Freundinnen und meiner Romanheldinnen verglichen. Die meisten waren schlanker als ich, beliebter und cooler, später dann erfolgreicher oder besser bezahlt. Der Kollege hatte die besseren Argumente, die Kollegin wurde mehr gefördert und andere hatten es sowieso immer leichter als ich. Ich bin echt froh, dass es damals noch keine Sozialen Medien gab, ich wäre ja völlig untergegangen. Mit einem so schlechten Selbstwert, einer totalen Ausrichtung nach außen und dem Gefühl, es ist sowieso nie genug, hätte ich gut den ganzen Tag mit Facebook und Instagram zubringen können, um mich restlos zu frustrieren. Das ständige Vergleichen, die damit verbundene Abwertung und das Sich-klein-Machen und -Fühlen hätte keine Grenze mehr gehabt.

Ich bin froh, dass ich irgendwann verstanden habe, dass das nichts bringt. Denn seitdem ist mein Leben so viel leichter und einfacher.

Eins ist klar: Es wird immer jemanden geben, der schlanker, schöner, netter, klüger, reicher, beliebter, erfolgreicher, belesener, bereister, größer, schneller und MUTiger sein wird als ich. Das wissend konnte ich mich mit wachsendem Selbstwert, einem liebevollen Blick auf mich selbst und einem zunehmend MUTigen Herz nicht mehr weiter irgendwelchen Vergleichen aussetzen, es war mir einfach nicht mehr möglich. Das wäre ja so, als würde man sich mit dem Hammer aufs Knie hauen und sich anschließend wundern, dass man Schmerzen hat und schlecht laufen kann.

So konnte ich nach und nach damit aufhören und habe erkannt, in Sachen MUTigsein ist der Vergleich noch absurder. Ich habe früher immer alle für ihre Bühnenpräsenz und Vorträge bewundert, da ich ja davor so schlimme Angst hatte. Boah, sind die MUTig – habe ich bei mir gedacht. Aber vielleicht brauchte Barbara Schöneberger auch keinen MUT, vielleicht ist sie mit einem Mikro und großer Auftrittslust auf die Welt gekommen? Wer weiß das schon. Und am Ende des Tages macht es für mich auch gar keinen Unterschied, denn es hilft mir nicht bei meiner Präsentationsangst, ob jemand anders diese überwunden hat oder das Gefühl gar nicht kennt.

Der einzige Vergleich, den du zukünftig ziehen solltest, ist immer der mit dir selbst. Du gestern zu dir heute. Was konntest du gestern noch nicht und hast du heute gelernt. Was war dir gestern noch nicht möglich, das du heute geschafft hast. Welchen Schritt hast du dich gestern noch nicht getraut, den du heute schon ganz MUTig gegangen bist.

Das ist der Vergleich, der dein Kompass sein sollte. Denn er macht dich zu deinem eigenen MUTigen Vorbild und lässt dich erkennen, wie du wächst und dich entwickelst. Auch hier gilt, feiere dich für deine Fortschritte, denn nur du weißt genau, was sie dich gekostet haben an Energie, an Vorbereitung, an Training und Überwindung, an innerem Ringen und äußeren Schritten.

Und nur du kannst für dich der richtige Maßstab sein. Denn solange du dich mit anderen vergleichst, ist und bleibt der Maßstab krumm. Du weißt nicht, was in anderen Menschen vorgeht, du kennst nicht deren Schicksal, Weg, Ängste oder auch Talente und Stärken.

Weil ich an dieser Stelle manchmal falsch verstanden werde: Du darfst dir gerne Inspirationsquellen suchen. Die habe ich auch, aber ich vergleiche mich nicht mehr mit ihnen, sondern schaue, in welchem Bereich ich mir etwas abschauen oder von ihnen lernen möchte. Und das ist ein ganz wichtiger und elementarer Unterschied zum Vergleichen und Sich-klein-Machen.

Meine Ausbilderin Liane Stephan ist eins meiner fachlichen Vorbilder und von ihr durfte ich lernen, richtig gute Fragen im Coachingprozess zu stellen, nämlich solche, die wirklich etwas beim Klienten anstoßen und verändern.

Sabine Asgodom ist direkt zweifach ein Vorbild für mich.

Sie inspirierte mich, auch als füllige Frau auf die Bühne zu gehen UND wirklich inspirierende und gute Vorträge zu halten, die die Menschen erreichen und bewegen.

Mein Mann Peter ist ein großes Vorbild für mich, wenn es darum geht, immer weniger zu bewerten und noch mehr mein Ding in dieser Welt zu machen.

# MUT
## KOMMT
# VON
## MACHEN!

### DIE KAPITELVORSCHAU – KURZ UND KNACKIG

Es gibt nur ein richtiges Tempo und einen richtigen Zeitpunkt für deine Veränderung und Entwicklung und das sind DEINE. Setze auch hier deine eigenen Maßstäbe. Jede/r trainiert anders und das ist gut so. Entwickle den richtigen Plan für dich, dann ist die Chance viel größer, dass du das Ziel gut erreichst. Vergiss das Feiern nicht, denn das ist ein wichtiger Teil des Trainings – nicht nur die Arbeit. Mit dem Feiern sorgst du für Belohnung und die bessere Verankerung des neuen Verhaltens.

»Das Geheimnis des Glücks ist die Freiheit.
Das Geheimnis der Freiheit ist MUT.«
*Perikles*

# In deinem Tempo und zu deiner Zeit

Ich habe zusammen mit meinem Mann einen tollen Kletter-parcours in Berlin entdeckt, den Mount-Mitte. Da kann man wunderbar auf verschiedenen Ebenen der eigenen Höhen-angst begegnen und davon habe ich eine Menge im Gepäck.

Während mein Mann bereits in für mich unbegreiflichen und unerreichbaren Höhen rumkletterte und aus dem Trabbi auf der obersten Ebene Fotos schoss, hatte ich immer noch nicht meinen ersten Schritt gemacht. Gefühlt hat es mindes-tens eine halbe Stunde gedauert, bis ich den ersten Schritt machen konnte. Der innere Kampf und das Ringen gegen die Höhenangst haben in mir getobt und so hat es viel inneren Zuspruch und Geduld gebraucht, bevor ich den ersten Schritt aus der Starre auf das Seil machen konnte.

Aber ich habe ihn gemacht. Und danach den zweiten und den dritten und auch den vierten. Am Ende unserer Zeit dort hatte mein Mann das gesamte Gerüst erklettert und er-kundet und ich habe die komplette erste Ebene geschafft. Ich war und bin immer noch stolz darauf! Auf mich und dass ich das gemacht habe. Und ich habe es geschafft, mich nicht mit meinem Mann oder anderen Kletterfreudigen zu vergleichen. Ich habe mich selbst als Maßstab genommen und bin an diesem Tag über mich hinausgewachsen, habe meine Ängste mit viel MUT und Geduld überwunden. Ein MEGA-Gefühl, das habe ich fast monatelang gefeiert und jedem er-zählt, der es hören wollte oder auch nicht.

Auch heute erzähle ich diese Geschichte immer gerne noch auf der Bühne. Weil mir damals da oben mit so viel

Adrenalin in jeder Zelle klar geworden ist, dass es genauso mit allen anderen Herausforderungen im Leben und auch mit dem MUTmuskeltraining funktioniert. Es ist wichtig, dass du ein innerliches JA! hast und dranbleibst – aber ob du nun fünf Minuten, eine halbe Stunde oder eine Stunde für den ersten Schritt brauchst, ist egal, Hauptsache du gehst ihn.

Wir lassen uns so oft von außen reinquatschen, wie und wann wir uns zu entwickeln haben: »Das könntest du doch jetzt mal ausprobieren.« All die gut gemeinten, aber eben schlecht gemachten Ratschläge. Und dazu kommen dann noch die ganzen Erwartungen und Anforderungen von uns selbst, wie schnell wir sein sollen, wie erfolgreich, wie MUTig und furchtlos wir unseren Weg gehen. Was wir alles erreichen müssen und wie die Dramaturgie des Lebenslaufs aufgebaut sein muss, damit die berufliche Zukunft gesichert ist.

Ich rufe dir zu: Mach mal so, wie es für dich passt. Und noch mal: Es gibt nur einen richtigen Zeitpunkt für deine Entwicklung und das ist DEINER! Es gibt nur ein richtiges Tempo für deine Veränderungen und ja, genau, das ist auch DEINS!

Auch das hat mit Selbstbestimmung zu tun, dass wir uns trauen, uns die Zeit zu nehmen, die wir brauchen. Ich bin manchmal ganz schön ungeduldig mit mir, mit den anderen und der Welt. Ich habe ordentlich Tempo draufgehabt in einigen Veränderungsprozessen. Betonung liegt auf einigen. Und bei anderen Themen habe ich auch ein paar Umwege und Schleifen gebraucht, bevor ich mich rangetraut habe und den ersten Schritt gegangen bin.

Auch hier gilt, für jeden ist die Herausforderung anders,

wir können es von außen nicht sehen. Wichtig ist, dass es für dich passt und du dein Tempo vorgibst, dann landest du auch nicht so schnell in der Panikzone oder in der Überforderung und hängst das Training wieder an den Nagel. Wenn wir die Themen in unserem Rhythmus angehen, dann wird es am Ende meist erfolgreich. Das Einzige, was du tun solltest: irgendwann den ersten Schritt machen und dann weitergehen, eben in deinem Tempo und in deiner Zeit. Denn auch mit kleinen Schritten kommst du ans Ziel – versprochen!

# Jeden Tag ein bisschen MUTiger

Du hast nun alles, was du brauchst für ein MUTiges Leben. Du kannst loslaufen und MUTiger werden, Großes wagen, deine Träume verwirklichen und selbstbestimmt, frei und glücklich dein Leben nach deinen Wünschen gestalten.

Du hast deinen Standort bestimmt und weißt nun genau, in welchen Bereichen du Handlungsbedarf hast, wachsen und MUTiger werden möchtest, damit du wieder deinen vollen Gestaltungsspielraum nutzen kannst.

Du hast MUTmuskeltrainingsimpulse für mehr Alltags-MUT, die du dir einfach schnappen kannst, wenn gerade kein großes Ziel ansteht, du aber im Training bleiben möchtest.

Du hast gutes Handwerkszeug zum Selbstcoaching erlernt und wenn die Angst auf dem Weg mal zu übermächtig wird, dann kannst du dieses nutzen, um handlungsfähig zu bleiben.

Du hast eine Vorgehensweise kennengelernt, mit der du deine Herausforderungen und Hindernisse genau untersuchen, aber auch deine Vorbereitung und Trainingsschritte entwickeln kannst. Und mit der du überprüfen kannst, welche deiner Ängste und Hindernisse nach guter Vorbereitung und möglichem Training überhaupt noch relevant sind.

Du hast Übungen und Meditationen, die dich auf deinem Weg zu einer guten Fehlerkultur und noch mehr Eigenliebe begleiten können, damit du in einer guten und für dich förderlichen Haltung durchs Leben gehen kannst.

Du hast jede Menge Menschen und deren Geschichten kennengelernt, die dich inspirieren und erMUTigen, ab sofort deinen eigenen Weg zu gehen.

Das Einzige, was ich dir jetzt noch anbieten kann, ist dein persönlicher MUTmuskeltrainingsplan.

Genauso unterschiedlich wie wir Menschen sind, so individuell ist auch unser Plan für das MUTmuskeltraining. Einige von euch werden sagen: »Ich brauche nix mehr, alles klar, Prinzip verstanden, ich renn los und setze um!« Dann gibt es Menschen, die gerne strukturiert loslegen und sich nun freuen, dass es einen Plan zum Runterladen gibt (LINK findest du wie immer im Anhang). Vielleicht gehörst du auch zu den Menschen, die ohne Plan und terminierte Aufgaben gar nicht loslegen und für die dieser Plan nun das Herzstück des gesamten Programms ist.

Wie auch immer du in diesem Punkt unterwegs bist, ich habe verschiedene Ideen zum Umgang damit ausgearbeitet. Schaue einfach, welche am besten zu dir und deiner Vorgehensweise passen. Der Plan soll keine zusätzliche Mühe oder Aufgabe sein, sondern dich unterstützen, dir eine Hilfestellung sein, dich erinnern und auch Erfolge und erreichte Ziele sichtbar machen – damit du das Feiern nicht vergisst.

### Erste Möglichkeit – für die spontan-intuitiven Typen

Du möchtest MUTiger werden, du hast verstanden, in welchen Bereichen du Handlungsbedarf hast und möchtest ganz spontan und intuitiv trainieren, eben immer da, wo der Alltag dir sowieso eine Challenge gibt, Stellung zu beziehen, Nein zu sagen, einen Konflikt zu lösen oder nach mehr Gehalt zu fragen.

Dann mach das einfach genauso. Druck dir gerne trotzdem den 4-Wochen-Plan aus und nimm dir einfach abends kurz Zeit, um deinen Tag zu reflektieren. Du könntest entweder in kurzen Stichworten reinschreiben, was du trainiert hast, welche Ziele du erreicht hast oder ob du hingefallen bist. Oder du nutzt die folgenden Symbole für die Verankerung deines Trainings, der Erfolge und Schritte:

→ Ich habe heute meinen MUTmuskel trainiert.

→ Ich war erfolgreich mit meinem Training
und habe es gebührend gefeiert.

→ Ich habe eine der Aufgaben aus dem Buch
durchgearbeitet.

→ Ich habe etwas für meine Selbstliebe getan (Meditation,
freundlicher Umgang, mir etwas Gutes getan).

→ Ich habe etwas für meine Fehlerkultur getan. /
Ich bin gescheitert und wieder aufgestanden.

Dies sind nur ein paar Ideen und Vorschläge, schau, welche Schritte du am Abend reflektieren willst, und nutze diese Symbole oder deine eigenen. Je nachdem, was genau deine Themen sind, kannst du auch immer dann, wenn du zum Beispiel deine Grenze gewahrt und NEIN gesagt hast, ein be-

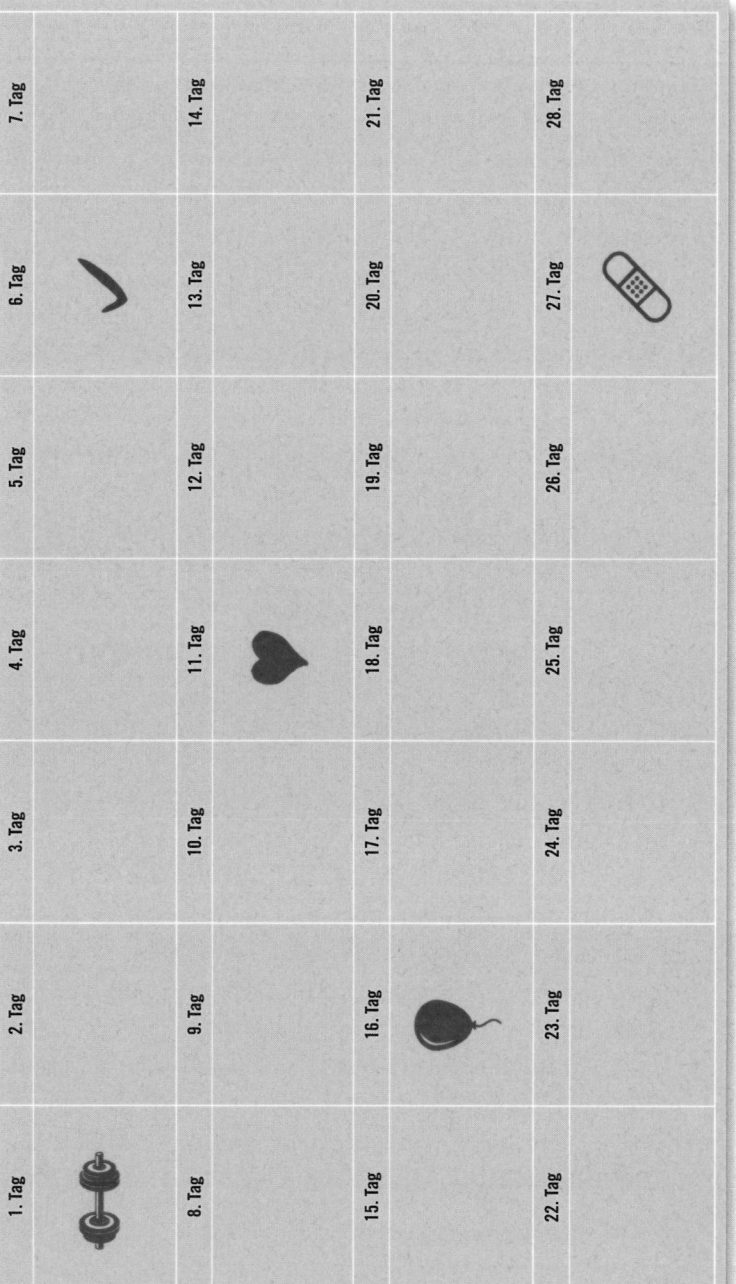

stimmtes Symbol nutzen. Dann kannst du noch mal genau sehen, welche Themen du an welchen Tagen trainiert hast.

Oder kauf dir lustige Aufkleber, Sterne oder Punkte und klebe diese abends in deinen Plan. Wichtig dabei ist, dass du vor allem am Anfang deine Schritte und Erfolge reflektierst und dokumentierst, damit du auf dem Weg

→ weiter lernst und wächst,

→ sichtbar machst, welche Wegstrecke du bereits zurückgelegt hast,

→ deine Erfolge nicht vergisst und diese auch gebührend feierst

und damit die neuen Verhaltensweisen sich langfristig gut verankern und für dich immer leichter abrufbar werden.

### Zweite Möglichkeit –
### für alle, die für ein bestimmtes Thema trainieren möchten

Du möchtest für ein ganz bestimmtes Thema trainieren und dafür den MUTmuskeltrainingsplan nutzen? Dann gehe bitte wie folgt vor:

Bitte arbeite die Übung Worst-Case-Szenario ganz genau zu deinem Thema durch, mit allen schlimmen Szenarien, die dir einfallen, und fülle die Spalte Gegengift in der Übung möglichst detailliert aus. Alles, was in deiner »Worst-Case-Tabelle« unter Gegengift steht, sollten Trainingsschritte, Vorbereitung, Übung für die Selbstliebe sein oder andere hilfreiche Ideen und Übungen aus dem Buch.

Alle diese Schritte nimmst du nun und verteilst sie in deinem Trainingsplan, so wie es für dich zeitlich passt. Bitte denke daran, auch immer wieder Pausen zum Durchatmen und Reflektieren einzutragen, damit du dich nicht überfor-

| 1. Tag | 2. Tag | 3. Tag | 4. Tag | 5. Tag | 6. Tag | 7. Tag |
|---|---|---|---|---|---|---|
| Vortragskonzept erarbeiten! | Meditation/Übung zur Selbstliebe | Vortrag frei durchsprechen (auf Übergänge/Zeit achten) | Vortrag und Reaktion des Publikums visualisieren und mit der Selbstcoaching-Methode Aufregung bearbeiten | Vortrag frei durchsprechen (auf Übergänge/Zeit achten) | Vortrag und Reaktion des Publikums visualisieren und mit der Selbstcoaching-Methode Aufregung bearbeiten | Pause vom Training, Woche reflektieren, Erfolge feiern. Tu dir was Gutes! |
| **8. Tag** | **9. Tag** | **10. Tag** | **11. Tag** | **12. Tag** | **13. Tag** | **14. Tag** |
| Vortragskonzept finalisieren/visualisieren | Klamotten für den Vortrag raussuchen, anprobieren oder kaufen | Was macht noch Aufregung, Sorgen oder nervös? Arbeite daran mit der Selbstcoaching-Methode. | In der Teamrunde das neue Projekt vorstellen | Meditation/Übung zur Selbstliebe | Vortrag vor einem Freund/einer Freundin halten | Pause vom Training, Woche reflektieren, Erfolge feiern. Tu dir was Gutes! |
| **15. Tag** | **16. Tag** | **17. Tag** | **18. Tag** | **19. Tag** | **20. Tag** | **21. Tag** |
| Vortragskonzept ausdrucken/Moderationskarten vorbereiten | Was macht noch Aufregung, Sorgen oder nervös? Arbeite daran mit der Selbstcoaching-Methode. | Pause und feiern, du hast echt schon viel trainiert, geübt und vorbereitet. | Halte einen Vortrag bei einer Rednerveranstaltung (Toastmasters, PechaKucha). | Vortrag frei durchsprechen (auf Übergänge/Zeit achten) | Auf der Geburtstagsfeier einer Freundin eine kurze Rede/Toast sprechen! | Pause vom Training, Woche reflektieren, Erfolge feiern. Tu dir was Gutes! |
| **22. Tag** | **23. Tag** | **24. Tag** | **25. Tag** | **26. Tag** | **27. Tag** | **28. Tag** |
| Was macht noch Aufregung, Sorgen oder nervös? Arbeite daran mit der Selbstcoaching-Methode. | Meditation/Übung zur Selbstliebe | Vortrag 3 x im Laufe des Tages frei durchsprechen Selbstcoaching nutzen | Vortrag 3 x im Laufe des Tages frei durchsprechen Selbstcoaching nutzen | Der große Tag ist gekommen. Mach dir heute wenig Stress, Fokus auf den Vortrag! | Feiern! Feiern! Feiern! | Reflexion: Was ist gelungen? Was möchte ich beim nächsten Mal anders/noch besser machen? Was habe ich gelernt? |

Bitte auch notieren: Wenn was schiefgeht, wer kann dich auffangen? Auf welche Ressourcen kannst du zurückgreifen? Was kannst du Gutes für dich tun? Das alles sind deine JOKER, einfach mit auf den Plan packen oder hier unten eintragen. ✷

derst. Ich bleibe mal kurz bei unserem Beispiel »Vortrag halten«. Wenn du also einen fixen Termin für diesen Vortrag hast, dann kannst du von da aus rückwärts planen.

Plane auf jeden Fall auch ein, wenn der Vortrag trotz guter Vorbereitung und Training nicht dein bester wird, wer dich danach auffangen kann und was du dann Gutes für dich tun kannst. Auch das gehört, neben dem Feiern, mit zum Training dazu – ähnlich wie der Physiotherapeut für die Behandlung der Sportverletzung nach dem Wettkampf.

Und bitte nicht vergessen, wenn du bis jetzt Angst vor Vorträgen hattest und du nun einen gehalten hast – unabhängig von Inhalt, Dramaturgie, rotem Faden und Präsenz –, bitte feiere dich für den MUT, es getan zu haben, unabhängig vom Feedback oder dem Ergebnis. Ganz wichtig: Du bist ein Superstar, allein weil du es gemacht hast!

Den Plan kannst du dir sichtbar aufhängen und abends reflektieren, wie dein jeweiliger Schritt gelaufen ist. Plane gerne auch Einheiten für die Selbstliebe-Meditation oder andere Übungen mit ein. Auf Seite 201 siehst du einen Beispielplan, damit du dir vorstellen kannst, wie dein MUTmuskeltrainingsplan aussehen könnte.

### Dritte Möglichkeit – für alle, die Strukturen und Pläne einfach lieben

Du hast gerade kein konkretes Thema, möchtest aber dranbleiben und deinen AlltagsMUT für ein selbstbestimmtes Leben trainieren. Dann habe ich für dich noch ein Geschenk. Ein vollständig ausgefüllter 4-Wochen-MUTmuskeltrainingsplan. Du kannst ihn dir runterladen, ausdrucken, aufhängen und dir jeden Tag deinen Trainingsimpuls abholen:

| 1. Tag | 2. Tag | 3. Tag | 4. Tag | 5. Tag | 6. Tag | 7. Tag |
|---|---|---|---|---|---|---|
| Mache heute mindestens drei Menschen ein Kompliment. | Meditation/Übung zur Selbstliebe | Lächle heute drei fremde Menschen an. | Geh heute alleine ins Kino. | Mache heute etwas, was du noch nie gemacht hast. | Was ist deine Vision von deinem Leben? | Mach mal ne Pause! |
| **8. Tag** | **9. Tag** | **10. Tag** | **11. Tag** | **12. Tag** | **13. Tag** | **14. Tag** |
| Was würdest du gerne tun, wenn nichts schief gehen könnte? | Gehe heute alleine Essen – ohne Buch und Handy. | Meditation/Übung zur Selbstliebe | Wovon träumst du? | Mach was von deiner Liste vom 8. Tag. | Sag zu etwas NEIN und bleib dabei. | Wie ist es dir bis jetzt mit dem Training ergangen? |
| **15. Tag** | **16. Tag** | **17. Tag** | **18. Tag** | **19. Tag** | **20. Tag** | **21. Tag** |
| Mach mal ne Pause! | Was ist dir wertvoll im Leben? | Bitte heute jemanden dir zu helfen. | Meditation/Übung zur Selbstliebe | Mache heute etwas, was du noch nie gemacht hast. | Wofür willst du dich heute feiern? | Mach mal 'ne Pause! |
| **22. Tag** | **23. Tag** | **24. Tag** | **25. Tag** | **26. Tag** | **27. Tag** | **28. Tag** |
| Was sind deine Stärken und Ressourcen? | Geh auf ein Event und sprich mit vielen fremden Menschen. | Mach was von deiner Liste vom 8. Tag. | Meditation/Übung zur Selbstliebe | Mache heute etwas, was du noch nie gemacht hast. | Schau noch mal in deine Bestandsaufnahme: kannst du schon einen anderen Wert auf einer Skala vermerken? | Du bist ein Superstar! Feiern! Feiern! Feiern! |

# Vergiss das Feiern nicht!

Bitte vergiss das Feiern nicht. Wir sind heutzutage oft sehr schnell unterwegs, erwarten viel von uns selbst und haben immer das Gefühl, es geht noch was. Schneller, weiter, höher!

Oft vergessen wir dann, was wir schon erreicht haben, und würdigen dies nicht entsprechend. Oder wir finden es noch nicht perfekt genug und haben deshalb das Lob nicht verdient. Oder aber, es war nicht hart genug, wir haben noch nicht genug dafür geschwitzt und denken deshalb, dass Feiern nur nach großer Anstrengung erlaubt und verdient ist. Falsch! Für mich gehört es zur Selbstfürsorge und Selbstliebe dazu, sich und das Erreichte gebührend zu feiern. Was gebührend für dich ist, das ist natürlich auch wieder ganz individuell und unterschiedlich. Und mit Feiern meine ich nicht nur Konsum oder Saufen.

Für mich heißt feiern zum Beispiel, dass ich meine Freude mit Menschen teile und von meinem Erfolg erzähle, dass ich mir einen freien Tag gönne oder eine entspannende Massage oder einfach die Musik aufdrehe und eine kleine Tanzparty veranstalte.

Damit du das Feiern nicht vergisst, nimm dir doch bitte direkt etwas zum Schreiben und mache eine Liste mit mindestens zehn Dingen, die für dich als Belohnung in Frage kommen. Hier noch ein bisschen Inspiration von meiner ganz persönlichen Liste:

→ Tanzen gehen / Tanzparty im Büro
→ Lecker mit meinem Kumpel Philippe essen gehen

➡ Meine Freude mit meiner Freundin Eva teilen

➡ Meinen Mastermind-Jungs per WhatsApp von meinem Erfolg berichten und bunte Emojis und blöde Sprüche zurückbekommen, die mich herzhaft lachen lassen

➡ Eine Massage buchen

➡ Schönes Körperöl kaufen

➡ Mittagsschlaf, obwohl der Schreibtisch voll ist

➡ Feierabend, obwohl der Schreibtisch voll ist

➡ Tag frei nehmen, obwohl der Schreibtisch voll ist

➡ Schokolade essen

➡ Ein neues Parfüm kaufen

➡ Meinem Mann von meinem Erfolg berichten und sehen, wie stolz er auf mich ist.

Je voller deine Liste, je schöner die Dinge für dich sind, die draufstehen, umso mehr wirst du daran denken, auch wirklich deine Erfolge zu feiern. Durch die Belohnung werden Glücksbotenstoffe im Körper ausgeschüttet und wir sind zufriedener UND verankern die Handlung mit dem positiven Ergebnis besser, werden neue neuronale Bahnen im Gehirn angelegt und das sorgt dann dafür, dass die aktuell noch ungewohnte und neue Handlung irgendwann ganz automatisch abläuft und für dich viel einfacher abrufbar wird, bekommst du so nach und nach mehr Selbstbewusstsein und einen besseren Blick auf dich und darauf, wie großartig du bist.

# Freiheit – ein Leben aus vollem Herzen

Die eigene Wahrheit auszusprechen und zu leben, das zu machen, was mein Herz wirklich zum Schwingen und Lachen bringt, wahrhaftig ich zu sein, das war für mich sehr lange Zeit nicht möglich. Ich habe ganz schön Strecke machen müssen, über Krisen, Krankheit, Loslassen alter Verletzungen, Verabschiedung von Menschen, die nicht mehr gut für mich und meine Entwicklung waren, viele Ausbildungen, Coachings, Therapien und andere Möglichkeiten und Tools zur Persönlichkeitsentwicklung. Manchmal habe ich das Gefühl, ich habe fast alles ausprobiert, was dieser Markt hergibt, um gesund zu werden und in meine Kraft zu kommen. Ein großer Antreiber war sicherlich meine sichtbare Erkrankung und der Wunsch, meine Locken wieder zurückzubekommen. Aber darunter habe ich auch noch etwas anderes gespürt und ich glaube, das war auch schon immer da und wir alle tragen es in uns: die tiefe Sehnsucht nach Heilung, Liebe und Freiheit. Die freie Wahl zu haben. Mich für mich zu entscheiden. Mich zu meiner vollen Größe aufzurichten und wahrhaftig das zu leben, was mein Herz mir zuflüstert.

Die wunderbare Brené Brown hat mir mit ihrem Buch ›Verletzlichkeit macht stark‹ und ihrer Definition von MUT / Courage ein tolles Geschenk gemacht. Sie nennt Menschen, die sich MUTig mit ihrer Verletzlichkeit, mit ihrer Scham und ihrem Mangel zeigen, »Wholehearted People«, also Menschen, die aus vollem Herzen leben.

Daraus hat sich über die Jahre meine Auslegung von einem MUTigen Leben entwickelt. Diese Beschreibung lädt mich jeden Tag aufs Neue ein, meinen MUTmuskel zu trainieren, Herausforderungen anzunehmen, mich zu zeigen mit allem, was zu mir gehört. Für mich ist sie ein innerer Kompass geworden. Möge sie dich ebenfalls motivieren und dir Lust machen, jeden Tag immer mehr du zu sein und dich zu trauen, über dich selbst hinauszuwachsen und noch größer und stärker zu werden, als du es dir jetzt vorstellen kannst:

*Ein MUTiges Leben ist ein Leben aus vollem Herzen; das heißt, sich wirklich in die Arena des Lebens zu trauen und nicht auf der Zuschauerbank sitzen zu bleiben – ganz ohne Maske und mit offenem Visier.*

*Dich zu zeigen mit allem, was dich ausmacht: mit deinen Talenten und Fähigkeiten, mit deiner Freude und deinem Können und eben auch mit dem, was noch nicht gut ist. Mit deinen Schattenseiten und Wunden, mit deinen Schmerzen und deinen Defiziten.*

*Und dir zu erlauben, wirklich alles auszuprobieren und damit auch die Erlaubnis zu haben zu scheitern, hinzufallen und wieder aufzustehen und es nochmal zu versuchen.*

Für mich schmeckt diese Beschreibung nach wahrem Leben und nach totaler Freiheit. Nach der Freiheit groß zu träumen und Großes zu wagen. Nach der Freiheit, nicht mehr nach der Pfeife der anderen zu tanzen, sondern die eigene Wahrheit auszusprechen und zu leben. Nach der Freiheit, eben genau mein Ding in dieser Welt zu machen, um am Ende so selbstbestimmt und glücklich wie möglich zu leben.

Also, lass mal losrennen und die Freiheit entdecken, denn die wohnt direkt hinter dem MUT und wartet genau auf DICH!

# ANHANG

# Inspirationen –
## wenn dich mal der MUT verlässt

Und wenn dich mal der MUT für einen Moment verlässt, du Unterstützung oder Inspiration benötigst, dann findest du in dieser Schatztruhe so einiges für dich und zum Dranbleiben.

### Kostenfreie Downloads zum Buch:

Die wunderbaren Meditationen für deine Selbstliebe kannst du dir kostenfrei runterladen und so oft du möchtest anhören. Ebenso einen MUTmuskeltrainingsplan zum Ausdrucken, Ausfüllen und Erinnern an die nächste Trainingseinheit und deine nächsten Schritte. Damit du dranbleibst und jeden Tag ein Stück MUTiger wirst. Dein MUTmuskeltrainings-Zertifikat wartet nach dem Durcharbeiten dieses Buches auf dich. Du kannst es dir ebenfalls runterladen, deinen Namen eintragen, es ausdrucken und vielleicht sogar an einer prominenten Stelle aufhängen. Es bestätigt dir, wie großartig und MUTig du bist, und ermuntert dich, auch zukünftig MUTig dein Leben zu gestalten.
Du findest alles unter https://mutmuskeltraining.de/

### Musik für das Selbstcoaching mit bilateraler Stimulation:

★ Meine CD: http://tanjapeters.koeln/selbstcoaching-cd-fuer-den-naechsten-MUTigen-schritt/

★ Balance CD von Denys Scharnweber: https://denys-scharnweber.com/produkte/

★ Musik mit hörbarem EMDR-Effekt: https://coach-dein-glueck.de/musik

### Gute Wegbegleitung:

**Was ist Wingwave – ganz kurz und knackig:**
★ http://tanjapeters.koeln/was-ist-wingwave-coaching/

Wingwave Coaches – gegen akute Ängste, Zweifel und andere Spielverderber:
★ Tanja Peters: http://diemutberaterin.de/
★ Tanja Klein: http://kleincoaching.de
★ Eileen Jacobs: http://www.jacobs-coaching.de/
★ Sandra Schlautmann: https://wachgecoacht.de/
★ Sabrina Schmitz: https://www.muthandel.de/

**Persönlichkeitsentwicklung:**
Für alle, die ihre Persönlichkeit entwickeln wollen oder selbst Coach, Trainer, Speaker werden möchten – hier meine Empfehlungen dazu:
★ Die achtsamkeitsbasierte systemische Coaching Ausbildung von Liane Stephan (Kalapa Leadership Academy). Hier wird zusammengeführt, was zusammengehört: die systemische Haltung mit der Achtsamkeitspraxis. Eine wunderbare und tiefe Ausbildung für Führungskräfte, Berater und Coaches: https://www.kalapaacademy.de/
★ Alles, was Denys Scharnweber anbietet, hat für mich eine besondere Qualität in dieser Branche. Er schafft es, mit Leichtigkeit tiefe Veränderungen anzustoßen und die »Qualitäten des Herzens« nicht nur zu schulen, sondern auch zu leben: https://denysscharnweber.com/

**Selbständigkeit:**

Für alle Selbständigen – insbesondere Trainer, Coaches, Berater und Speaker –, die MUTig und erfolgreich ihren Weg gehen wollen, empfehle ich vor allem diese Bücher:

★ Coach, your Marketing – Tanja Klein und Ruth Urban
★ Erfolg durch Positionierung – Tanja Klein und Ruth Urban
★ Bestens gerüstet als Coach und Trainer – Ruth Urban (Herausgeberin)

Und natürlich auch meinen Blog, meine Seminare, meine Coachings und Kooperationsangebote mit Ruth Urban:

★ Meine MUTigen Angebote findest du hier:
  http://diemutberaterin.de/
★ Alles von Ruth Urban und mir gibt es hier:
  http://www.coach-wofuer-stehst-du.de/

### Bücher, die MUT und Freude machen:

★ Das große Los – Meike Winnemuth
★ Verletzlichkeit macht stark – Brené Brown
★ Laufen lernt man nur durch Hinfallen – Brené Brown
★ Mögest du glücklich sein – Laura Malina Seiler
★ Deine Sehnsucht wird dich führen – Sabine Asgodom

### Gute Podcasts und Vorträge, die dich inspirieren und weiterbringen:

★ Tanja Peters – So wirst du sofort MUTiger!
  https://www.youtube.com/watch?v=rjlD_xj6yco
★ Yvonnen Peglow, Sexual Life Coach – Spürvertrauen
  https://spuervertrauen.de/podcast/

★ Brené Brown Ted Talks
https://www.ted.com/talks/brene_brown_on_
vulnerability
https://www.ted.com/talks/brene_brown_listening_to_
shame
★ Sabine Asgodom – So erreichst du deine Ziele
https://www.youtube.com/watch?v=gHfuzcmXs8A
★ Sabine Asgodom – 3 Schritte zum Erfolg
https://www.youtube.com/watch?v=nHEQvokoPgk

**Menschen und Organisationen, die mich begleitet haben:**

★ Monika Borowski – Massagetherapeutin
http://monika-borowski.de/
★ Doris Rodlauer – Alternative Lebensberatung
http://www.alternative-lebensberatung.com/
★ Alopecia Areata Deutschland e.V.
https://kreisrunderhaarausfall.de/

**Schöne MUT-Zitate für dich:**

Mut steht am Anfang des Handelns,
Glück am Ende.
*Demokrit*

★

Niemand weiß, was er kann,
bevor er's versucht.
*Publilius Syrus*

★

Die Fähigkeit, das Wort »Nein« auszusprechen,
ist der Schritt zur Freiheit.
*Nicolas Chamfort*

★

Unsre besten Fehler, ich lass sie laminiern,
pack sie in die Jeans, trag sie nah bei mir.
*Mark Foster*

★

Unser größter Ruhm ist nicht, niemals zu fallen,
sondern jedes Mal wieder aufzustehen.
*Nelson Mandela*

★

Wenn du ein Vorbild brauchst,
dann schau in den Spiegel,
da haste eins!
*Gaby Köster*

# Die Sache mit den Haaren – Alopecia Areata

Als ich 2010 an Alopecia Areata erkrankt bin, hatte ich keine große Lust auf Selbsthilfegruppen und den Austausch mit anderen. Ich war viel zu sehr mit meinem eigenen Drama beschäftigt. Heute engagiere ich mich für den Verein Alopecia Areata in Deutschland und moderiere dort die jährlichen Kongresse. Was als normaler Auftrag begonnen hat, ist mir zu einem Herzensanliegen geworden. Und so habe ich noch weiterhin viel Kontakt zu Betroffenen und bekomme immer wieder die eine Frage gestellt: »Tanja, wie hast du das geschafft, dass deine Haare wieder da sind?«

Wenn ich ein Rezept hätte, ich würde es gerne an jeden geben, der betroffen ist. Denn diese Krankheit, auch wenn sie »nur« die Haare betrifft und nicht lebensbedrohlich ist, ist ganz schön schwer zu ertragen in einer Welt, die sich so sehr mit Äußerlichkeiten beschäftigt.

Vor allem für die Eltern von betroffenen Kindern und auch für die Kinder selbst ist es eine große Herausforderung, alles damit Verbundene zu tragen und an dieser Herausforderung und Aufgabe nicht zu verzweifeln. Und für uns Frauen sind Haare sehr wichtig, sie sind ein zentrales Symbol für Weiblichkeit, das macht den Verlust doppelt schwer.

Wirklich erforscht ist bis heute eigentlich nur, dass die Krankheit genetisch bedingt ist und es sie wahrscheinlich schon seit vielen Jahrhunderten gibt. Wodurch sie aber ausbricht, ist leider noch nicht bekannt. Stress kann ein Auslöser sein, muss aber nicht.

Ich kenne einige wenige, bei denen die Haare, nachdem sie eine Zeitlang komplett weg waren, vollständig wiedergekommen sind. Einige berichten, dass es einen Auslöser gab, den sie dem Start der Erkrankung zuordnen können. Bei anderen hat sich die Krankheit schleichend entwickelt und ist über die Jahre immer schlimmer geworden. Die Geschichten, die Leben, der Umgang damit – alles ist bei jedem und jeder ganz individuell und anders.

Aktuell gibt es offiziell keine Heilung für diese Krankheit und trotzdem gibt es Menschen, die gesund werden und ihre Haare zurückerlangen. Es gibt Schlimmeres und auch Leichteres im Leben als diese Erkrankung. Warum genau du? Wer weiß das schon! Manchmal ziehen wir im Leben eine Karte, die wir nicht erklären und auch nicht wieder loswerden können. Aber wir haben in der Hand, wie wir mit dieser Karte umgehen. Ob wir nur noch auf diese Karte schauen und unser Leben danach ausrichten oder wir diese Karte mit all den anderen bunten Karten mischen, die das Leben uns auch geschenkt hat, und das Beste daraus machen, das liegt in unserer Hand und ist gleichzeitig die einzige Chance, die wir haben, weiterhin selbstbestimmt durchs Leben zu gehen.

Meine Erkrankung konnte ich – nach Panik, Schmerz, Wut, Trauer und Verzweiflung – irgendwann annehmen und sogar als Geschenk erkennen, hat sie doch positive Impulse in mein Leben gebracht und mir die Chance gegeben, die Karten neu zu mischen und die Spielregeln für mein Leben umzuschreiben. Ich bin sehr dankbar für diese Erfahrung. Wäre ich es auch, wenn ich noch mit Glatze rumlaufen müsste? Vielleicht ja, vielleicht nein, wer weiß das schon …

Hier habe ich ein paar Ideen, Gedanken und Vorschläge, die dir helfen könnten:

Such dir gute Unterstützung, sprich am besten mit einem Therapeuten oder Coach und ruf beim AAD e.V. an und lass dich dort beraten. Du brauchst jemanden, mit dem du dich über dein Leben und die Erkrankung professionell austauschen kannst, um dann herauszufinden, was dir hilft, damit umzugehen. Meist sind Familie und Freunde ähnlich überfordert wie die Betroffenen selbst und es ist angenehmer, mit jemandem zu sprechen, der es selbst erlebt hat und vielleicht schon an einem anderen Punkt angelangt ist.

Such dir gute Ärzte und probiere eventuell auch alternative Heilmethoden aus. Je nach Offenheit und Geldbeutel kannst du schauen, was dir guttut und vielleicht zu einer Verbesserung führt. Ein paar meiner Wegbegleiter findest du im Anhang.

Lass dich einmal von Kopf bis Fuß untersuchen und durchchecken, damit kannst du ausschließen, dass Mangelerscheinungen oder hormonelle Dysbalancen für den Haarausfall verantwortlich sind, man kann diffusen gut von kreisrundem Haarausfall unterscheiden.

Mit einem sogenannten Wingwave-Coaching (Coaches findest du im Anhang) fällt es dir vielleicht leichter, mit dieser Erkrankung umzugehen. Denn eins ist klar, Stress und Panik helfen niemandem, weder dir noch deinem Umfeld. Je entspannter wir mit den Herausforderungen des Lebens umgehen können, umso besser können wir sie meistern und überstehen.

Frage dich, wo du in deinem Leben nicht gut mit dir im Kontakt bist. Wo gibt es Bereiche, in denen du nicht deine

Wahrheit und deine Bedürfnisse lebst. Wo bist du nicht so glücklich und freudig, wie du es sein möchtest. Nimm diese Erkenntnis ernst und tu etwas Gutes für dich.

»Ganz schön teuer so ein Coaching und das zahlt ja noch nicht mal die Krankenkasse.« Oder »Die Fortbildung ist ja so teuer wie eine Reise nach Afrika, da mache ich doch lieber Urlaub, als mich fortzubilden.« Solche Sätze höre ich immer mal wieder und möchte, weil es an dieser Stelle so wichtig ist, dazu etwas sagen: Das Geld, das wir in uns und unsere Entwicklung, unser Wohlbefinden, unsere Gesundheit und damit auch in unser Lebensglück investieren, ist immer die bestmögliche Investition. Manchmal kann dies der lang ersehnte Urlaub oder die Weltreise sein und manchmal sollte es ein Coaching, eine Fortbildung oder ein Osteopath sein. Du entscheidest, was für dich passt und möglich ist, aber eins sollte dir immer klar sein: **Eine bessere Investition als in dich selber gibt es nicht,** egal ob die Maßnahme von der Krankenkasse bezahlt wird oder von der Steuer absetzbar ist!

Ich wünsche dir nur das Beste, volles Haar und eine große Portion Humor und MUT, das Beste aus deinen Lebenskarten zu machen.

Deine Tanja

# Ich habe zu danken!

Manche Kapitel sind mir einfach so aus der Feder geflossen, bei manchen Geschichten fiel es mir schwerer, sie zu erzählen. Einige Ideen waren schon immer in mir, einiges hat sich erst durch das Schreiben entwickelt. Aber eine Sache hat mich von Anfang an begleitet: große Dankbarkeit, dieses Buch schreiben zu können. Deshalb möchte ich die letzten Seiten den Menschen widmen, die das Buch möglich gemacht haben.

Ich möchte mich bei dir bedanken, liebe Leserin, lieber Leser, fürs Buch kaufen, lesen und womöglich noch an andere Menschen weitergeben. Danke, dass ich dich ein Stück deines MUTigen Weges begleiten darf.

Ein riesengroßes DANKESCHÖN geht an meine wunderbare Lektorin, die mich gefunden hat. Gott sei Dank, liebe Eva, sonst wäre dieses Buch womöglich nie geschrieben worden. Danke für dein Vertrauen in mich als Erstlings-Autorin und das Mitgehen bei all den Ideen, die sich am Rande entwickelt haben. Besser hätte ich mir eine Zusammenarbeit nicht vorstellen können.

Von Herzen Danke an die tolle Illustratorin Katharina Netolitzky, die Fräulein MUT das Leben eingehaucht hat und aus meiner Idee etwas gemacht hat, was mein Herz jeden Tag mit Freude und neuem MUT erfüllt.

Danke an den tollen dtv Verlag – für das Vertrauen, die Wertschätzung und große Freude, mit der das MUTmuskeltraining von Anfang an begleitet wurde.

Von Herzen Danke an all die MUTigen Interviewpartner,

die sich getraut haben, einen Teil ihrer Geschichte mit der Welt zu teilen. Das braucht einen guten Selbstwert, Vertrauen ins Leben und ein MUTiges Herz.

★ Danke, Maren – du bist ein Sonnenschein, der die Welt ein Stück strahlender macht!
  https://www.lordinabelgique.com/
★ Danke, Isabel – wie schön, dass du auf einmal in mein Leben getreten bist. Ich freue mich auf das Eis in Sevilla mit dir!
  https://ichrede.de/
★ Danke, Julia – wenn jemand seriös improvisieren kann, dann du Powerfrau!
  http://juliaspiess.de/
★ Danke, Marina – großartig, dass du so viele Frauen begleitest und Unternehmerinnentum vorlebst!
  http://feminess.de/
★ Danke, Denys – Vorbild, Lehrer, Mensch – du hast wahrlich ein MUTiges Herz!
  https://denysscharnweber.com/
★ Danke, Petra – es war mir eine Freude und Ehre mit dir zu arbeiten!
★ Danke, Yvonne Peglow – großartig, wie MUTig und leicht du dein Thema in die Welt trägst, weiter so!
  https://spuervertrauen.de/
★ Danke, Markus – für dein so offenes Interview, das hat mein Buch bereichert!
  https://www.institut-fuer-persoenlichkeit.de/home/
★ Danke, Krissie – Kriegerin, Vorbild, Sonnenschein!
  https://www.facebook.com/AlopeciaGesichter/

★ Danke, Sabine – für dein offenes und so ehrliches Interview. Du hast ein Kölsch bei mir gut!
http://www.sabineheinrich.de/

★ Danke, Terry – für deinen MUT dich zu zeigen und wirklich für deine Sache einzustehen, täglich!
https://terryreintke.eu/

★ Danke, Peter – meine große Liebe – ohne dich wäre all das sowieso nicht möglich!
https://nunc-net.de/
Über Amazon erhältlich: »Es darf auch schwer sein!«, ein E-Book von Peter Höffner

★ Danke, Stefan – mit deinen Ideen und deinem Spirit haust du gerade direkt zwei Dellen ins Universum!
http://stefan-fraedrich.de/

★ Danke an Ruth – du hast den MUT gesehen, bevor ich es konnte.

★ Danke an Liane – für die beste systemische Ausbildung und dein Vertrauen in mich und meine Fähigkeiten als Beraterin – von Anfang an.

Danke an all meine wunderbaren Wegbegleiter, Mentoren, meine Familie und Freunde, meine Kundinnen und Seminarteilnehmer, mit denen ich arbeiten darf und die mit mir arbeiten, die meine Arbeitswut ertragen, auch meine hundertste Idee noch toll finden, auf mich verzichten, wenn ich mal wieder abgetaucht bin, und mit mir diesen Weg gehen, die mir ihr Vertrauen schenken und die ich beraten und begleiten darf.

Dieses Leben ist wirklich ein ganz besonderes, buntes und großartiges. Es braucht jeden Tag den MUT, sich zu trauen, genau das daraus zu machen, was man sich wünscht. Und ich bin dankbar für die Kraft und die Freude, die mir genau das bereitet.

*Danke schön!*

Noch immer nicht genug? Dann kauf dir das Arbeitsbuch, komm auf eine meiner Lesungen, ein Seminar oder buch ein Einzelcoaching bei mir.

# NUR MUT!

In kleinen Schritten zu großen Sprüngen